高效执行你学得会

——让高效执行简单化的7个策略

张友源◎著

中国财富出版社

图书在版编目（CIP）数据

高效执行你学得会：让高效执行简单化的7个策略／张友源著．—北京：中国财富出版社，2012.9

（中国100强名师名作）

ISBN 978－7－5047－4445－6

Ⅰ.①高…　Ⅱ.①张…　Ⅲ.①企业管理　Ⅳ.①F270

中国版本图书馆CIP数据核字（2012）第195743号

策划编辑　黄　华　　**责任印制**　方朋远

责任编辑　丰　虹　　**责任校对**　孙会香　梁　凡

出版发行　中国财富出版社（原中国物资出版社）

社　　址　北京市丰台区南四环西路188号5区20楼　　**邮政编码**　100070

电　　话　010－52227568（发行部）　　010－52227588转307（总编室）

010－68589540（读者服务部）　　010－52227588转305（质检部）

网　　址　http：//www.clph.cn

经　　销　新华书店

印　　刷　北京京都六环印刷厂

书　　号　ISBN 978－7－5047－4445－6/F·1836

开　　本　710mm×1000mm　1/16　　**版　　次**　2012年9月第1版

印　　张　13.5　　**印　　次**　2012年9月第1次印刷

字　　数　194千字　　**定　　价**　32.00元

编委会

序　言

执行，越简单越给力

当时光的快车驶入 21 世纪，科技越来越发达，人们拥有的财富越来越多，不管是企业，抑或个人，都很容易通过财富或技术满足自己的需要。随着获得的东西越来越多，我们不知不觉进入了一个不堪重负的时代。课业繁重的学生需要减负，压力山大的职场人需要减负，许多不断膨胀、执行不力的企业同样需要减负。

尤其是企业组织中的领头羊——管理者，当办公桌上的文件越来越多，当企业制度越来越烦琐，当员工执行力越来越差，如果羊群之首不及时想办法解决，后面的羊群是很难凭借个人力量改变企业现状的。

不得不承认，目前有太多的公司战略不明、组织结构复杂，员工成倍增长，看似组织正在发展、壮大，年终盘点时，管理者才发现：工作效率不仅没有提上来，甚至出现利润负增长局面。

细心的领导会发现，原来一个普通的会议往往开到最后变成了茶话会，原来一个明确的计划探讨到最后变成了难以落实的目标，原来一件事明明可以一个环节就搞定，却偏偏耗费了几个环节的人力、物力、财力，原来组织的执行系统越来越复杂。

面对已经膨胀和超载的组织，管理者能做又应该做些什么？

墨菲定律揭示了这样一个往往被领导者忽视的事实："把简单的事情复杂化很简单，把复杂的事情简单化却很复杂。"

不错，将高效执行变得简单化，执行将更高效。真正给力的执行没有什么秘诀，越简单越好！如果说中国功夫靠的是"四两拨千斤"的精髓，那么，把复杂的执行简单化就是执行的最高境界。

笔者在早期做企业调研时发现一件很有意思的事情，很多大企业瞧不起那些小公司，但小公司有一点是值得许多大企业学习的，那就是行动迅速，执行灵活，而大公司则流程复杂、组织紊乱。

当然，这里没有贬低大企业的意思，它给了我们一个警示：企业无论大小，都离不开高效的执行，而高效的执行离不开"简单"二字。

简单不只对企业、领导有非同一般的作用，对企业员工同样相当重要，在工作中把执行复杂化无异于给自己制造不必要的障碍，投入加倍的精力去做同一件事，劳累的只有自己；而对于团队之间，把执行复杂化无异于给部门制造矛盾和斗争；站在长远的角度，对职业生涯而言，把执行复杂化就是为成功制造最大的阻碍。

但似乎中国人自古以来有好大喜功的痼习，在执行中，总是不自觉地就把执行复杂化，说好听点，是因为有些人思维缜密，不甘于简单，乐意在复杂中挑战自我。说难听点，就是自找麻烦，制造复杂。

而这种复杂化的影响，最直接的一点就是为日常工作增加压力，甚至造成身心上的损害，不利于工作高效执行。事实上，尤其是日常工作中的很多事情，可以很简单地就执行完毕，只要找到合理的方法，高效执行并没有想象中的那么困难，我们大可不必主动往自己身上增加重担。

英国著名作家弗朗西斯·培根说得好："知识就是力量。"如今看来，对于企业来说，"简单就是力量"。

追求简单的时代来临了，即便是普通生活中的现代人，在厌倦了都市里的灯红酒绿、参天楼宇后，似乎也更喜欢"从简生活"，返璞归真。企业亦如此，管理者更应该以简单为执行目标，“砍掉”那些阻碍执行力的复杂因素。

世界级知名企业可口可乐公司曾经一度“胃口大开”，在饮料业爆红后，试图进入养虾、塑胶等领域，但事实证明，这使得可口可乐主营业务受到了重创，后来可口可乐公司果断放弃了多元化，而采取单一化执行策略，砍掉了一切与可口可乐无关的业务，开始生产罐装饮料，迎来了利润的春天。

因此，管理者应该铭记：在企业管理中，执行任何一项任务之前，都应该相信“越简单越给力”“简单就是力量”。然而，想要拥有简单这一力量并不简单，管理者个人和员工在执行过程中有很多痼习需要改变，企业作为员工的载体，往往只是提供给员工基础的工作设施，公布重大决策，至于如何执行才更高效，还需领导者亲自管理和解决。

本书正是为了协助有类似苦恼的管理者解决这一关乎企业发展命运的问题而编写的，分别从战略、流程、协作、考核、制度、组织、落实等几个重要方面，结合真实管理案例，传授简单执行秘籍，让管理者从此不必再为鸡毛蒜皮之事大费周章，让许多职场人在阅读中惊喜发现：高效执行，我们都学得会！

作　者

2012 年 7 月

目录

基础篇

策略篇

基础篇

第一章
值得思考的问题：中国企业97%执行不力

有“华南地区最出色的新闻媒体”之称的金羊网曾报道：“纵观中国所有大大小小的企业，其中97%的企业处于执行不力状态，只有3%的企业执行力过得去，绝大多数企业的执行力在50分左右。”

问题来了：为什么中国企业97%执行不力？

我国的企业到底差在哪儿？

奥地利管理大师彼得·杜拉克说过：“执行是一场任务革命，简单的就是最好的。”

生物学告诉我们，每个人都具有两面性。换言之，能力再强的一个人在不同方面，能力也各有强弱，不可能样样精通。况且人的精力十分有限，一心二用的结果并不理想。所以，在企业管理中，往往会出现这样的情况：管理者希望达到的执行效果是一码事，员工能执行到多少分是另一码事，这也是很多管理者对于真正执行力认识上的不足。

可见，如果企业能去除那些阻碍执行的冗长烦琐的中间环节，并给员工最简单的执行命令，以及最简明的方向和执行方法，那么，企业的团队，职场精英，还有什么理由执行不力？

中国企业97%处于执行不力状态

有“华南地区最出色的新闻媒体”之称的金羊网曾报道：“纵观中国所有大大小小的企业，其中97%的企业处于执行不力状态，只有3%的企业执行力过得去，绝大多数企业的执行力在50分左右。”

图1－1　来自金羊网的报道

对于企业而言，所谓执行力，指的是完成预期目标、实现战略的执行能力。它是企业竞争力的核心，是企业将战略目标、一系列规划转化为有效成果的关键。作为企业，如果执行不给力，纵使有再伟大的方案，再完美的构想，终究只是纸上谈兵，不能付诸实践。

“没有不好的计划，只有不给力的执行。”在企业发展的过程中，执行力是其中重要一环，绝不能让执行不力成为阻碍员工和企业发展的“阻碍”和“短板”。

总之，高效执行力是企业核心竞争力，管理者唯有在管理过程中加大执行力度，才不至于使企业的计划、目标、制度成为一纸空文，员工工作起来才会更有效率，为企业发展作出贡献。

我常常对学员讲，9×9×9×9×9=59，一个任务，如果有>5个环节执行不力，那么整个任务最终的结果很可能就是不及格，哪怕只有0.01%的执行不力也可能酿成100%的悲剧。

在2011年度第一期培训期间，我同学员Melody分享过这样一个小故事：

从前，有一个真抓实干的老农，让田地里的害虫吃尽了苦头，几近灭绝。有一天，害虫们召开会议共同探讨对付老农的办法。有的建议讨好老鼠，有的建议研制毒药，还有的说一齐扑到老农家里，把老农的孩子们咬死。这时，害虫大王提出了一个特别的想法："咱们小小的害虫想杀老农太天真了。既然比登天还难，还不如设法躲避老农。现在在我们之间推选出一名'铠甲勇士'，偷偷地爬到老农的脚踝上，拴个铃铛。这样，只要老农一靠近我们，就能听到铃铛的响声，咱们就可以赶紧躲起来。"

害虫们纷纷认为这的确是个好方法。但如何执行则是个问题，是颁发证书还是给奖金？大家开始了激烈的讨论，但最终却没有一个一致的结果，勇士也没有选出来，最后，害虫还是没有斗过老农。

Melody笑笑说："这个故事很有趣、很简单，但道理却很深刻，现在的企业何尝不是如此，好的想法不少，但都是空想，距执行起来还有很大一步没有迈出去。"

"不错，记得在汶川地震期间，我的一位武警参谋长朋友主动请缨奔赴灾区抗震救灾，据悉当时要一同前往的还有好几个人，但最终只有我这位朋友去了，你猜为什么？"我继续分享心得。

Melody想了想："恐怕另外几个人只是想想罢了。"

我回答："差不多，那时去往汶川的交通严重堵塞，别说去，让不让你去还是个问题，一想到这里，其他几位战友直接放弃了。但我的那位朋友却坚持去援助，最后上级看他如此执著，终于批准他和第一批救援物资搭飞机一起过去。”

经过短暂的谈话，我发现很多学员，或者说很多企业管理者都存在执行不力的问题，例如，很多领导每天在会议上都提出把打造××团队作为己任，力争达到××标准，到了执行环节，要么总是亲力亲为，要么就撇清自己，全部交给员工去执行。

还有很多领导整天把“企业文化”挂在嘴边，声称要做个有文化的企业团队，殊不知，执行力也是文化的一部分，二者相互作用，区别企业之间的文化是平庸还是卓越，观察其执行力效果是重要标记。

那么，中国企业有什么办法改变执行不力的现状呢?

1. 统一执行文化，不让执行成为空谈

企业未来的发展前景不是空想出来的，而是在不断努力执行的过程中逐步实现的。执行不是空谈，需要管理者和员工一起将执行作为企业文化的标准做好每一件事。

2. 培养“执行文化”是建立其他一切文化的源泉，有执行氛围才有执行动力

没有执行文化的企业，其他文化也不会在这个企业起到多大作用。员工工作需要有一个健康、积极向上的氛围，执行文化则是把执行作为工作的最高标准。一切对执行有利的因素都应该加以利用。管理者不仅要督促员工执行，更应该为其创造良好的执行氛围，例如，建立奖惩分明的执行制度，促进员工执行的热情，从实际中改变员工的态度，从而使部门形成一种务实、明确、简单高效、团结有力的团队执行文化。

3. 执行，是一种责任和态度，管理者应时刻记住自己的使命和责任

如今，很多企业在执行方面存在执行不力、内部沟通不畅的通病，既增加了执行成本，也削弱了员工的执行力度。在借鉴其他管理者经验，督促员工的同时，还应建立以执行为己任的责任感和使命感。执行不只是员工的责任，管理者身为员工的领导，同样要为其执行结果负责，不要为自己找借口。

4. 向西方发达国家借鉴先进的执行法则

由于西方国家经济更发达，管理制度更明确，国外企业有很多法则值得国内管理者借鉴和利用，西方企业强调在执行过程中没有任何借口；在面对困难的时候，要主动想办法解决，而不是等待上级命令再去执行；另外，要对自己的执行结果负责。执行任务期间，管理者的身份是隐性的，不可摆领导人的架子，唯有结果才是最重要的；最后，既然建立了执行制度，就要带头严格遵守，执行才不会成为“空口言”。

5. 树立科学的执行战略，保证执行体系高效运行

想要高效执行，就要以科学的执行战略为依托，假设部门里每个员工都在卖力地执行，但却是在错误的道路上前进，即使到达了终点也可能是深渊。

当然，企业发展程度、存在问题的不同，战略也就不同，需要具体问题具体分析，总之，只有加大执行力度和做出科学决策，执行目标愿景的实现才指日可待。

对真正执行力认识不足

奥地利管理大师彼得·杜拉克说过：“执行是一场任务革命，简单的就是最好的。”

生物学告诉我们，每个人都具有两面性。换言之，能力再强的一个人在不同方面，能力也各有强弱，不可能样样精通。况且人的精力十分有限，一心二用的结果并不理想。所以，在企业管理中，往往会出现这样的情况：管理者希望达到的执行效果是一码事，员工能执行到多少分是另一码事，这也是很多管理者对于真正执行力认识上的不足。

简单的智慧不仅被应用在管理中，全球电子产品制造商巨头日本索尼株式会社同样很好地掌握了这一点。有着“我的第一单反”之称的α330新型单反相机，一经上市，就获得了极大推崇和关注，这是因为其简单化的操作更适用于普通消费者，一改以往复杂的设计和按键，从菜单到按键，再到布局设计，简单大方，让即使没有受过专业摄影训练的普通消费者更易接受。

可见，简单是一种行之有效的执行方式，但它绝不意味着单纯。索尼公司的产品便是利用了简单原则赚取了高利润。

同理，中国企业要想在激烈的竞争中赚取利润，最有效的法则就是，用最简单的办法做最有优势的事，而管理者的任务之一就是要教会员工在执行过程中大胆取舍，化繁为简，高效执行。

简单的智慧还体现在产品开发中，为顾客节省时间，简单、实用的产品甚至能胜过设计烦琐、美观却不实用的产品。

彼得·杜拉克认为：“许多人认为，变复杂为简单仅仅意味着把信息扔给别人，但这样做往往使问题复杂化。”

以全球最大的日用品公司P&G为例，其管理者在一次会议上感叹：“我们生产出的三十几种海飞丝和50多种佳洁士，世界上的人们真的需要它们吗？这么多年，我们一直在给消费者制造麻烦，这个庞大的数字多么令人惊诧！”

在那之后，P&G开始实施“简单”战略，从设计到流程，再到执行，果断砍掉那些看似有用却起不到什么效果的程序。而在营销方式上，公司管理层决定废除将近30种不必要的形式和政策。虽然，

P&G公司的产品在减少，但其“营业额”最终却反而上升了五个百分点。

P&G公司高层管理者在一次会议上总结：“是简单智慧帮了我们大忙。一流企业靠执行，而执行则需要简单原则。”

没错，很多事情往往可以在原有基础上再简单一些，在加工厂里，不管多复杂、难懂的技术到了那里都会被分解成简单易操作的几个环节去执行，而且操作并完成这些高难度技术的往往只是一些普通的工人。

管理者若想认清真正的执行力，首先应先从以下几方面了解“简单”原则：

1. 越简单越好记忆，事实证明简单更有效

很多知名大品牌的设计、理念、包装通常都非常简单，唯有如此才能在最短的时间里被消费者记住。

目前国内一些门户网站，每天在做的事不是设计新的东西，也不是给公司做加法，而是在做减法，不断地简化网页，使其更加简单，易操作。

2. 简单就是要在毫无头绪或高深难懂的事物面前，懂得取舍，有决然的姿态放弃一些哪怕认为是珍贵的东西，使执行简单而富有效率

有些企业在执行任务期间，为了不遗漏环节，总是叮嘱员工在一个简单的问题上反反复复检查，这种方式或许有效，却也浪费了宝贵时间。其实，所谓的环节需要在一定秩序内进行，而建立秩序最好的方法就是让员工知道自己在什么环节里应该做好哪些事，不必每个环节都需要别人告诉他。这种模式对于管理者而言就比较简单、高效。当员工习惯了这种秩序，就会转换成一种自然而然的思维方式，每到执行时便会加以运用。

3. 简单执行是一种把复杂问题简单化的能力，需要管理者拿捏好辨识简单与复杂的分寸

很多管理者之所以不能让其员工简单、高效地执行，是因为管理者本身对于流程中的各个环节都不是很清楚，一件事到底是简单还是复杂、该不该做自己也不知道，为了避免找麻烦，便直接将模糊的任务直接授权给下属，结果如何全凭下属的领悟力。

要知道，简单不是散漫，管理者首先不能模糊重点、不求甚解，你需要知道什么事情该做，什么地方可以马虎，并教员工按照你的意图去执行，这样才能使执行工作达到预期目标。

所以，管理者不仅要有将复杂问题简单化的能力，更要有捕捉问题实质，拿捏好辨识简单与复杂的分寸。

简单就是执行力，简单的执行力就是高效，别忘了，前提是简单要建立在正确的基础上，不偏不倚地执行。

执行力是领导力的体现

有“世界第一CEO”之称的杰克·韦尔奇说：“我这一生最大的成就就是关心并培养人才。”

的确，管理者要做的首要工作始终是管理，每天指挥千军万马，不如坐下来点兵带将。事实上，管理者也不可能事必躬亲，员工的执行力和责任之间的关系应随着企业的发展由领导重新定位。这时，如果管理者能大胆授权，不仅能提高执行力，还能提高效率，同时也使员工获得了成就感和责任感。因此，也可以说，执行力就是领导力的体现。

几年前我在大学时期学习工商管理课程时，当时的导师就告诉我：“指挥1000个人，不如指挥100个人；指挥100个人，不如指挥10个人，永远不要浪费你的宝贵时间。”我一直认为这是管理者的执行力之魂。

至今我还清楚记得老师当年给我讲的故事：

1933 年，日本著名电器企业松下（Panasonic）发展势头良好，突飞猛进，在短短几年时间里，员工数量已过千人，这在电器制造行业中当时已算是个“奇迹”了。但其管理者松下幸之助先生深信不疑，企业在发展规模较小的初期，管理者时间充裕，能游刃有余地驾驭企业的任何事情。但当企业员工成倍增长，规模不断扩大时，管理者就会感到心有余而力不足，造成内部执行处于瘫痪边缘。

为此，松下开始试图将权力下放，但因那时的松下公司还没有完全独立出来，管理者有一百个胆子也不敢冒这个险，什么事都向松下请示几遍，待其做了决策后再去执行。很快松下便发现这种运营模式导致了下面执行不力。松下不断地自我反思，试图寻找解决问题的办法，最终，他发现既然权力下放也不敢执行，不如实行责任制，让执行的个人相对独立，使每个员工在执行时都“不受牵连”，各做各的，结果也由自己负责。

1934 年，松下开始了大刀阔斧的改革，将工厂分为几个事业部门，每个部门都像是一个独立的小型公司，并在生产销售及研发流程方面，甚至财务环节都“独立自主”，直接安排几个部门主管去指挥部门，自己只需要指挥几个部门的主管就好了，从而大大减轻了管理压力，也提高了员工执行力，再也不必事必躬亲。

由松下一个人“集权”到“分权管理”，员工对顾客负责，主管对部门员工负责，表面上各个部门像是一个独立的经济个体，但合起来却是一个坚不可摧的大企业，相互牵制却又互不干涉。

紧接着，松下这一管理方式震惊全世界，并纷纷被各大企业管理者学习、仿效，时至今日，对于管理者依然有足以借鉴的启迪：

1. 形散神不散，简单执行要在制度的约束下贯彻实行

权力下放不是“撒丫子”，事情交给下属后就不闻不问，要有严谨的制度约束执行者的行为，才能保证效率。

例如，各个部门可以自由处理本部门的事情，但要定期向上级汇报；管理者应定期对员工进行思想交流，以培养出志同道合的合作伙伴。

2. 管理者不应试图控制每一位员工，要学会通过关键人物控制下属

如松下先生所说，当企业的规模不断扩大，管理者不可能亲力亲为，像企业刚建立之初那样控制每一个员工，但要学会通过关键人物控制下属。例如，每个部门就是一个责任中心，时刻关注部门动态，关注员工心理，才能及时发现问题、解决问题。

总之，管理者不要试图指挥千军万马，而是把自己培养成一个善于用兵点将之才，才能运筹帷幄，让企业在竞争中脱颖而出。

执行本质是简单

一位美国友人曾向我讲述了一段他的经历，令我记忆犹深。

友人描述道：

“有一年冬天，我受邀到美国纽约市曼哈顿区，美国的金融中心——华尔街，会见一家著名证券交易所的总裁Sherlock先生。走进富丽堂皇的公司大厅，我被其异常简约的装修风格深深地吸引住了。由于是第一次来到这里，对其地理环境很不熟悉，按照一般公司的习惯，通常会在一层大厅设立服务台，可惜我转了几圈都没有找到。正在我晕头转向之时，仔细一看墙壁上装修的瓷砖才发现，原来整面墙壁是一个‘电子导航仪’，只要点击选项中目的地的名字或约见的人士的名字，专门负责的秘书就会与你对话，确认身份后第一时间直接派人带你进去。”

这一细节引发了我强烈关注的兴趣和思考。后来，在与 Sherlock 先生熟络之后，我好奇地问：“公司大厅为什么不安排一个服务台？万一电子屏坏了怎么办?”

Sherlock 先生笑了笑：“多出来一个项目，就要至少安排两三个人轮班执行，与其让她们每天只是做一些枯燥的‘等待来宾’的工作，不如让她们做点更有意义的事。即使一层的显示屏坏了，二层、三层……每一层都有一个屏幕，所以，您提出的假设即使成立也没关系。一年前，我们公司的确是有服务台的，后来负责的员工向我提出了这个建议。在我们公司有这样一个规定，无论是谁，只要能把公司项目、流程或一个小的执行项目简单化，会比别人更早一步获得加薪升职的机会。”

接着，Sherlock 随手拿起办公桌上的一本书给我：“书里面有这样一段话，听着，比尔·盖茨这家伙正阴着脸躲在 Windows 的背后，操控着整个世界，而整个世界只不过是微软的 1.0 版本，只要比尔·盖茨高兴，他可以随时给它升级……”

看到我一脸的迷惑，Sherlock 解释道：“这是关于对比尔·盖茨的一小段评价。但你有没有想过，他是如何做到这一点的，为何微软能俘获世人芳心？在我看来‘简单’是其中最关键的因素。”

仔细想想，的确，在这个世界上，并不是没有微软的同类产品可以使用，甚至有比微软设计更美，功能更强大的款式，但是，盖茨和微软却独一无二地存在着！如果能达到同样的目的，除了某产品的发烧友或者疯子，没有人乐意操作一个比微软更复杂的系统。不仅如此，但凡世界知名品牌，例如，Lee、Sony、P&G、Nokia 等这些如雷贯耳的品牌，从名字就能发现它们的共同点是简单、顺口。因为复杂的名字不易被记住和传播，这无不说明一个问题——简单就好。

友人的故事令我受益匪浅，也让我开始思考：中国的很多企业在讲执行力。为什么？只能说明一个问题，即大部分企业都面临着执行不力、执行复杂、执行效率不高的问题。纵使管理者制定多少个条条框框，开多少次总结会议，讨论多少个 IDEA，结果越来越偏离执行轨道，“执行”成了一句空话。员工工作起来还是想当然地去做，走冤枉路，执行方法过于复杂，给不出企业满意结果。

虽然中西方企业在管理模式和文化等方面有着很大差异，但是故事中 Sherlock 先生的话给了我启示：简单的就是最好的！

这一点之于中国的企业同样适用。执行越复杂就越不容易理解，越难以理解就越容易导致执行上的偏差，而这种偏差则会直接导致执行方向的错误，方向错了，执行想给力都难！

如果企业能去除那些阻碍执行的冗长烦琐的中间环节，并给员工最简单的执行命令，以及最简明的方向和执行方法，那么，企业的团队，职场精英，还有什么理由执行不力？

值得一提的是，执行力的本质是简单，但这并不代表执行力等于简单地服从。因此，在执行时，应该注意：

1. 用最简单的方法把执行力做到位

在企业之间有一个奇怪的现象，那就是一个具有一流执行力和三流创意的企业能够打败一个拥有三流执行力和一流创意的企业。在此之前就已经有成功的大品牌和企业家们证实了这个道理，很多人却不信。

另外，在企业内部也有一个怪现象，那就是很多员工为了显示自己的与众不同，把执行复杂化，希望以此吸引领导者的关注，往往在执行任务时“想太多”，把一件原本 5 分钟就能做完的事情用了 10 分钟，然而，最终给出的却不是领导想要的结果。

实际上，越简单才越难以复制，如果想要让自己与众不同、想让自己被关注，你需要做的就是用最简单的方法把执行力做到位。

2. 很多工作不是说执行就可以执行，简单执行而不是简单服从

当你接到一项任务之初，通常只是收到领导的一个指示。而领导不是万能的，他更多地只是说出了任务的方向和预期的结果，因此，简单执行不等于简单服从，更不能贪图省事而省略具体的沟通、讨论等必要的执行环节。如果发现执行无法落实，应该第一时间提出来，通过沟通统一思想，明确目标再执行也不迟，若是为了服从命令而执行则偏离了简单执行的初衷。

简单执行不是一蹴而就的，需要所有人一步一个脚印地慢慢修炼。但企业规模无论大小，都应该不遗余力地倡导简单执行。很多时候，执行不力不是运气差，也不是竞争激烈，而是人为地将执行变得复杂化。唯有用最简单的方法解决看起来最复杂的问题，并把本身简单的东西优化到最简单，企业的执行力才会有所提升，越来越给力！

企业执行力是一种“达成绩效”的能力

企业作为发展中的组织，始终以赢利为最终目的，这就要求执行环节一来不能出错，二来要有效率。没有效率，就没有绩效，没有绩效的执行力谈不上是好是坏。当管理者的执行策略无法达成业绩或业绩不佳时都会直接影响到企业的赢利水平，为此，很多管理者深陷其中、百思不得其解：“我们的执行目标已经很明确、策略已经很完善了，为什么就无法执行？为什么就没有效率？为何绩效迟迟达不成？我的管理出现了什么问题？有没有办法解决？”

诸如此类的问题困扰着相当一部分的管理者们，他们很想找到答案。殊不知，其实“都是执行力惹的祸”！于是，很多管理者认为：“我的员工

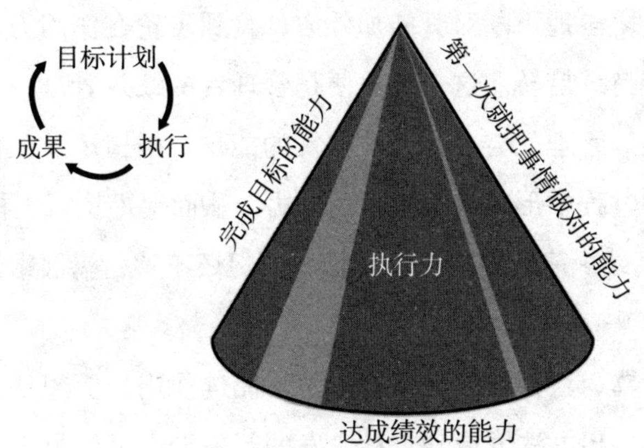

图1－2 企业执行力

们执行力也太差了。”言外之意是，我的战略布局很明确完美，都怪员工执行不力，才导致部门业绩提不上去。

真的是这样吗？

仔细想想不难发现，仅仅将执行不力的责任推卸给员工是没有道理的，就算员工工作再不积极、再懒惰也是因为在管理者的委托之下执行的，他们最多只能算是个“代理人”。

企业成功并非偶然事件，而是“执行力＋策略＋机遇”综合的结果。其中执行力的强弱则直接影响后两者的效果。对于管理者而言，建立一套科学、严谨的绩效管理系统才是当务之急，这是保证执行力高效运行的基础。撇开领导者的管理谈执行力，无异于无本之木、无源之水。

至此，很多管理者可能都迫不及待：我也要立刻构建绩效管理系统，推动我的部门高效执行，让员工执行的飞轮迅速旋转。但在此过程中，管理者如何做才能不费太大力气让执行的飞轮火速旋转呢？

1. 绩效不是一日之功，绩效管理系统的建立也不能一蹴而就

执行力是长期训练培养出的一种能力，几乎不可能立竿见影，道理很简单，执行力在没被启发之前就像一个沉重无比的飞轮，要使其高速旋转起来，需要分阶段地不断对其施加外力，直到飞轮在作用力见效后依靠自身的力量保持持续旋转。这个外力便是管理者的绩效管理，当飞轮有能力自动旋转，绩效管理就会成为一种自发的能量，根植于员工的脑海中，在其执行任务的过程中形成自我约束的动力，从而促进执行，提升效率。

2. 达成绩效、高效执行光靠管理者督促还不够，需要锻造员工自动自发的行为能力

督促、责骂、教育往往起不到正面的促进作用，要想从根本上提升员工执行力，还要想办法锻造其自动自发的行为能力，使员工主动为企业创造业绩。首先，建立绩效奖励系统，以此作为员工执行的方向及评估标准；其次，建立绩效沟通系统，通过管理者面谈、辅导等将员工在各个环节的执行工作得到反映；最后，建立绩效审核系统，也叫评估反馈系统，通过定期审核、总结，并在会议中通报上一周期员工的绩效情况，并分析失败原因，找出问题，提出改进方法，作为下一期的执行重点，避免重蹈覆辙，这样才能从根本上提升执行效率，达成业绩。

3. 通过绩效计划引导员工执行的方向，给予执行动力

绩效计划付诸实践最好的办法就是和员工签订绩效合同，以免日后绩效计划付诸东流，成为一纸空文。这样既能让员工觉得“纸上的计划内容是我的责任，我必须完成”，多了一份责任感，也让员工为了获得完成任务后的奖励，更有执行动力。

通常情况下，建立合理有效的绩效计划应遵循以下原则：

（1）站在企业长远发展的角度建立绩效计划和选择目标，偏离了发展轨道的计划都是徒劳的。

（2）绩效合同要突出员工执行的重点、难点和责任，并安排与员工特长联系密切的任务。

（3）制订的计划要切实可行并利于员工执行，如果做出来的东西让员工觉得难于上青天，势必会瓦解其执行信心。

总之，执行力要以达成绩效为保证，而达成绩效也要以可执行的目标为根本动力。

企业管理中人人都是执行者

世界上没有天生高效的执行家，只有在实践中逐渐学会执行方法的践行者。

假如执行和艺术天赋一样，也是员工的一种天赋，那么，很可能难以有成功的执行者。有效性往往是后天养成的一种习惯。

无论是激励人的潜力，还是有效配置资源，但凡行为习惯，都可通过后天养成，达成既定的目标和责任，并且必须靠人们自己主动学习才能获得。不能否认，每个人与生俱来的能力以及后天学习的快慢程度存在一定差别，但每个正常的普通人之间，存在的差距极小。虽然，这个世界上也存在天才，但是极少，换句话说，高效执行，人人可以学会。

从事培训工作这么多年，我结识了许多执行高效的管理者，并一直关注他们。

很多人好奇，他们和常人在习惯上有何不同呢？

这个问题很有意义，通过观察，我发现他们性格不同、脾气不同、能力不同，正因如此，所做出的行为不同，做事的方法、原则也不尽相同；但也不难发现，这类人有一个共同点：在他们身上，拥有一定要“把事情做对做好，快速完成”的能力。

相反，如果一个人没有这些高效执行的习惯，可以肯定，不管他有多大的智慧，有着怎样丰富的经验和知识积累，付出了多大的努力也只是徒劳，这个人必是一位缺乏执行力的管理者。

执行没有天才，即使在我培训多年的工作中也出现过问题。为此，我不断地从中总结经验以警示我的学员。

在从事培训工作的过程中，我接到过一个大型咨询项目——研究国内某知名网络公司的管理层执行力。当时的情况是，这家网络公司的变革已迫在眉睫，我的任务就是向这家公司提出变革方案。

于是，我在调查研究后，写下了名为《执行的力量》的调研报告，其中阐述了该网络公司在管理上的独到之处，也毫不客气地总结了其执行上存在的四大问题。

结果很显然，整个网络公司的管理层对我毫不留情的批判相当恼火：有的部门说他们很厌恶其中某一条，果断给删掉了；有的部门说这一条不符合实际，又放弃了这个建议；后来，又有一个部门的管理者明确告诉我："我们坚持对网络页面采取统一的执行方案，使用户一看就知道这是来自我们公司的设计。"

最终，我没能说服当时几个部门的管理者改变其想法，而他们当中也没有人支持我的建议，甚至连网络公司老总也否认了我的变革草案。

这是我在早期咨询培训生涯中遭遇过的直到现在还记忆犹新的一次失败案例。但我也从中获得了启示，虽然我自认为自己的执行思想先进，但却忽略了一个问题，那就是这些思想是否适合当时企业内部的实际情况，以及网络公司的部门成员是否愿意接纳这些问题。实际上，在这些执行建议中，无论是哪一条在管理者们看来都没有足够的说服性，他们普遍认为"你的见解提议不够正确"。

自那之后，我在做决策、提建议的时候，很难再被"哪个人对此方案有异议"诸如此类的问题困扰，因为我首先会想：到底什么才是正确的建议。

不得不说，包括我在内所有的管理者、全体员工，都应该对自己充满信心，只要找到合适的方法、培养正确的执行习惯，人人都是执行家。

相反，如果执行不力，在接下来的工作中就会危机重重：

1. 自身得不到持久发展

大部分职场人事业不顺利的原因并不是能力不够，而是执行不力。他们甚至从未认真思考过“我是谁”“我适合做什么”就草率执行，使得他们即使小有收获也没有成就感，因为，在他们看来，只是在执行公务而已。

2. 上级无法认清你的能力

执行不力或偏离正确的轨道，就像一个游离的目标，不但使用人单位不敢委以重任，领导对你能力的认识也无从下手，更无法正确地培养你。

3. 不能理性应对重重诱惑

许多职场人会以报酬作为工作的准则，哪里给的钱多，就去哪里，至于执行什么任务都无所谓。于是，在一家公司没做多久，觉得不满意，就轻易地放弃了，最终工作完全失去了方向。

尽管执行不力危机重重，但只要保持淡定的心态，就一定能找到化解的方法：

第一，执行时义无反顾，杜绝犹豫心理。看过杂技走钢丝表演节目的人都知道，演员都是用双脚在一根钢丝上走，而没有同时将两根钢丝悬在空中，一脚走一根的。原因很简单，因为两根钢丝不利于维持平衡，很容易从空中摔下来。

但在职场中，走大于等于两根钢丝的管理者却普遍存在，这类人存在一个共同点，就是人在执行心在创业。无论出发点是怎样的，结果只能是选择其中一条走，否则只能被吊在钢丝上等死。犹豫不定的执行方式只会两脚踩空，一事无成。

第二，执行要结合自己的特点，切忌投机心理。许多管理者仗着自己的资历，抱着“什么对我都不是问题”的心理随意执行。不结合自身的特点，一开始就偏离了轨道，这种态度和方法是不可取的。

不妨分别从知识、技能、经验方面出发，将自己已有的和执行有关的特点全部找出来。二者重合的部分至少要超过50%，再考虑是否要从事它也不迟。

如果问发展事业最快的路径是什么，答案便是执行。

“天才”与“庸才”的界限只在一念之间，即使你再有能力，如果一味地沾沾自喜，不知进取，迟早会沦为被人唾弃的庸才。

所以，作为管理者，不管你现在是成功还是失败，都应该不停地学习执行。即使每个人之间存在一些差异，那也只是付出的多与少的区别，天才是少数者，同时也说明了，每个人只要不放弃努力学习的机会，就一定会成为卓有成效的执行家。

没错，执行是可以学会的，它没有固定的模式。

随着环节、时间、时代背景的变化，所有的理论、方法、准则都不是“放之四海而皆准”的真理，正所谓今天失败不代表明天不能成功，而昨天的成功也不意味着未来可以持续成功。因此，执行，既要不断学习，又要加以创新，不得照抄，这是作为前辈最忠诚的忠告。

第二章
导致国内外企业执行力差距的根源何在

同样的一个执行方案，国内企业的管理者和员工接受起来相对比较慢，并且在执行过程中往往会偏离计划原方向。

但外企在这点上就截然相反，只要一个执行方案出来后，其内部的执行系统立刻就会启动，执行结果立竿见影。

通过对比会很容易发现，执行力在我国企业中，与外企的差距是如此明显。

而这，足以引起国内管理者的思考：“导致国内外企业执行力差距的根源何在?”

战略雷同，绩效为何不同

很多企业在发展之初，条件、各方面能力差不多，并且采取的发展战略几乎80%雷同，只是，最终结果却相差甚远，有的企业折戟沉沙，有的企业大获成功，究竟原因何在？

先来看一则来自“全球最大的数字信息产品供应商”施乐公司（XEROX）的案例。

XEROX在发展中期，一度面临战略转型，当时，管理者借鉴了IBM公司的发展策略，甚至重金聘请了IBM的财务总监到XEROX公司担任CEO，但经过一段时间的发展，XEROX发现虽然战略雷同，绩效却相距甚远。原来，由于XEROX的保障措施不如IBM，造成执行环节脱轨，导致转型失败。

再来看，大街小巷的便利商店中，只有“7 – Eleven”一枝独秀，顾客络绎不绝；满街的咖啡店里，只有StarBuck宾客满座。

可以说，每个行业中的企业，发展战略肯定有相似之处，但绩效却大不同，造成巨大差距的关键环节就在于执行。

例如，沃尔玛连锁超市虽然战略可靠，但同期业绩依然比对手少了一个百分点，这样的业绩和其净利润相比，虽然相当可观，和对手比却相距甚远。这引起了沃尔玛管理者的高度重视。后来，管理者们纷纷发现，战略部署已经很完美，但到了中间的执行环节，则漏洞百出，为此，沃尔玛开始整顿发货仓库，并建立全国卫星联网的管理资讯系统，以随时管理员工的执行环节等。沃尔玛这些看似平淡无奇的执行管理方略终于收到成效，一举成为全球最大的零售企业。

沃尔玛总裁骄傲地说："在过去发展的几十年里，没有任何一家公司能成为我们的对手，我们也不怕任何一家公司模仿我们的战略，因为这完全不起任何作用!"

换句话说，沃尔玛之所以能够取胜，并不是因为其战略，而是以其特有的执行力，建立起了持续的竞争优势，培育了沃尔玛作为世界第一零售商的核心能力。

戴尔（Dell）电脑公司对执行力的见解和把控也极其内行。

Dell公司运用的接单生产和直销模式并非只是一种单纯的营销方法，而是执行策略的核心要素所在。虽然有很多大型电脑公司在员工数量和企业规模上远远超过Dell好几倍，但Dell在几年前就已经超前，关键就在于Dell公司的执行力，这也正是Dell逐步取代了各大电脑公司，一跃成为"全球最大的个人电脑制造商"的原因所在。

据悉，Dell公司在执行战略时，有一个独特的管理模式，即让所有执行者（员工）感到自己肩负的使命，这样就会为自己的执行结果负责，创造卓越。那么，Dell具体是怎么做的呢?

1. Dell在安排任务时，会直接把一件事情的原委告知员工，使其更有责任感

Dell管理者经过调查后发现，不少员工之所以在工作中缺乏使命感，原因在于他们还不明白"要由我来做这份工作"，也不知道"我应该做到什么样"。

这样看来，有些时候，员工业绩不突出并不是他们的错，对于目标的不明确，往往是管理者自己在安排任务时表达不清，导致员工不能明确自己的工作目的和任务的执行标准，在这样的情况下，员工只能"想当然"地、"自以为是"地执行命令，其工作绩效难免会和管理者的预期效果相差甚远。所以，当管理者在安排工作任务的时候，就应该注意说明"这样安排的理由""安排任务给员工的原因""要达到什么样的效果和目的”“这样做有怎样的意义”，有了明确的目标，员工的使命感就会油然而生。

2. 执行过程中灵活对待已经制订的战略，必要时随之做出改变

死心眼是做不成大事的。

有些管理者习惯于下达死命令，说出的话俨然金口玉言，无论实际情况如何，都不会做出改变，决策一经通过就是一条道走到黑，在这样的命令下，员工也只能死板的执行命令，丝毫不懂变通。

还有一些管理者过于细致，将任务布置得过于繁杂，毫无重点可言，以至于下达命令后，员工犹如丈二和尚摸不着头脑，不明白应该做什么，也不知道从何处着手。

除此之外，很多管理者都是急性子，习惯在安排工作的时候催促员工“快去做”“差不多得了”……这种态度无形中给员工一种暗示，那就是工作差不多就行，赶快做完就算成功，反正上司也不在乎结果，“差不多”就可以。

当企业发展速度越来越快，需要不断扩张时，更要考虑到企业的发展寿命，管理者除了需要捕捉赚取更高利润的机会外，还需要不断制订更科学、更好的战略，最重要的是要使员工拥有实施这一战略的执行能力，这才是企业发展和生存的关键。

企业能否最终获得成功，只有30%靠战略，其余70%则靠的是执行。

中外企业执行力构建现状及水平比较

导致国内外企业执行力差距的根源何在？

西方：

1. 西方发达国家的企业（国外企业）起步早

2. 外企教育制度、培训制度先进，有发达的人力资源体系作为保障

我国：

1. 我国企业虽然具备初级执行运作机制，但相关保障措施落后，不足以和外企抗衡

2. 发展需求不同也是造成执行差距的原因之一

图2-1　导致国内外企业执行力差距的根源

1. 西方发达国家的企业（国外企业）起步早

许多外企由于经济、制度各方面发展较早，已经建立起了相对完善的制度和执行措施，具备一定的执行结构、组织结构和流程控制等基础管理平台，这为员工执行任务提供了完整、可靠的制度保障。当然，即便是外企，在这些基本的执行架构中也可能出现思想老化、执行不力的现象，但外企通常能审时度势、根据企业的实际情况以及当前的大背景，作出适当的调整，并加以完善、优化执行策略，从而提升执行的效率。

2. 外企教育制度、培训制度先进，有发达的人力资源体系作为保障

执行需要人去完成，正因为我国当前的执行人力队伍素质良莠不齐，导致团队整体执行不力。然而，外企经过长期的国际化、市场化的磨炼，配合其完善的MBA等教育课程，既树立了管理标准，也提供了相对较高水平的人力资源，从而为企业高效执行提供了人力资源上的保障。

反观国内企业：

1. 我国企业虽然具备初级执行运作机制，但相关保障措施落后，不足以和外企抗衡

我国企业虽然也已经过20多年的市场化发展，可以说，已经初步具备了执行运作机制，但由于市场经济发展尚未完全成熟，我国在相关保障

措施方面，还远远不足以与外企相抗衡。即便是我国的龙头企业，如TCL、海尔、联想等，依然需要从保障制度上不断完善，以提升执行力。

这种执行力上的差距在近年来我国国内企业发展过程中暴露无遗，无论是大品牌进军国际化路途中所遭遇的坎坷，还是在某些并购案上的完败，都说明了我国企业在执行机制上较之国外企业较落后。

2. 发展需求不同也是造成执行差距的原因之一

追求的目标不同，发展需求不同，也是造成执行差距的原因之一。

例如，国内外企业对咨询需求偏好上的表现略有不同。在执行过程中，我国企业往往更倾向于对人力资源管理、战略规划、组织改进等方面进行全盘整合、优化。而国外企业则通常只根据一些简单、具体的小要求，通过具体的咨询服务、评估调研的工作完善执行过程，从而很快付诸行动，做出结果。

当然，这并不意味着“领导力”在我国企业“执行力”上就一无是处，正相反，我国企业目前继续由管理者出面，协助员工解决执行难题，并从最基本的日常工作开始构建更加高效、和谐的执行结构，这恐怕是赶超外企的最好出路。

目前国内企业构建执行力亟待做什么

懂得放权，是从古至今优秀的管理者都具备的优点，“大权集中，小权分散”，大事情商量着办，小事情责任分摊，如果管理者事无巨细都要插一脚，就是累死也不能把任务完成好。

我国很多企业的管理者都追求执行力，但管理者们却忘记了，在执行力被贯彻之前，更重要的是区分清楚，什么是该你管的事，什么是该交代给下属的——这便是国内企业构建执行力亟待要做的一件事。

既然要以团队的形式开展工作，那么就应该让每个人都负起责任，只有员工具备了责任感，才谈得上执行力。很多企业中，员工和管理者的关系就像是老鼠和猫。管理者在的时候，员工拼命的工作、拼命的表现，但只要管理者一转身，员工当即变脸，除了工作，什么都可以做一点。

这种“没有人管着就不能完成工作”的情况说白了是员工对于管理者的过度依赖，也是一种惰性的体现。没有督促就不能完成任务，这样的团队往往无法进步，反而会拖企业的后腿。

俗话说，浑身是铁打得多少钉儿？再出色的管理者也只不过是一个人，他所能处理的工作任务是有限的，即使能够达到员工几倍的工作量，但日积月累势必对健康和整个团队氛围造成影响。罗马不是一天建成的，也不是一个人建成的。只有善于授权的管理者才能让任务完成得又好又快，有条不紊。不过，即使放权给下属，绝大多数的管理者也都不能完全信任员工，即便对方是他的心腹。这种不放心反映在行为上，就是管理者三天两头儿视察任务，隔三差五就要求汇报工作，事无巨细地盘问工作进展……这种盘查不仅不会让工作效率提高，反而会让员工产生抵触心理，认为你并不信任他，对于安排给他的任务，你不相信他能够完成的很好。紧张与压力的作用下，员工根本无法发挥真正的实力，最后将工作完成得非常不理想。

用人不疑，疑人不用。在这方面，某广告公司的郑超就是很好的榜样。

作为广告公司销售部的中层管理者，他没有给员工太多的压力，反而非常善于把握与下属之间的距离。他信任的员工，不但要独立完成属于自己的任务，更拥有一定的决策权。只要是你认为有必要的，对整个团队乃至企业发展有利的事情，视情况可以自主执行，无须层层汇报。

老总并不赞成郑超的做法，每个员工的能力和水平不同，如果被授权的员工没有责任感和使命感，毫无原则的执行，是否反而造成麻烦？

经过一段时间的试验，事实证明，被授权的员工工作积极性更高，工作效率也更高了。

1. 授权是为更好的执行，而不是为了其他原因

需要谨记的是，放权不是目的，而是为了下属有更多的余地可以发挥能力，无论如何，管理者存在的价值是“管理”，员工们还是要按照你拟订的计划和策略去工作。如果你闲云野鹤一般交代一下就消失，员工在遇到无法决定的事情时，无法得到指导和帮助，很可能导致工作方向的错误。就算你给的是正确的目标，但错误的执行会让一切变得糟糕。所以，为了减少不必要的损失，少走弯路，放权的时候一定要斟酌，要适度，单纯的放权并不能让员工放松，反而会使员工产生更大的心理压力。

2. 合理授权并不等同于放任，员工执行命令的时候，也需要监督指导

晓娜刚刚成为管理者的时候，对放权的理解不深，她认为只要放权就可以取得很好的效果，孰不知结果却恰恰相反。下属不但没有更放松，更亲近自己，反而每天压力很大，愁眉不展。后来经过前辈指点，晓娜才顿悟，下属其实感到自己被忽视，无法得到上司的帮助，像被遗弃了一样。在这样的负面情绪下，下属的执行显然达不到很好的效果。虽然距离产生美，但距离一旦拉开得太大，再美也无法让人体会。

3. 在问题出现的时候，给下属独立解决问题的机会，在适当的时候给予督导

那么，怎样的干涉才是合理的？对于下属的无措，你应该注意时机和角度，给一个指导而非大包大揽，注意你插手的力度，也要注意态度。

管理者如何让自己变得轻松？那就是培养好下属。我们在学走路摔倒的时候，父母和长辈如果总是立刻把我们扶住，不让我们自己爬起来，不让我们自己尝试掌握平衡，那我们永远也学不会走路。跌倒了就爬起来，并非一件简单的事情，如果我们总是有人搀扶，那么将会永远无法知道如何战胜困难。同理，如果管理者在下属尚未察觉到问题的时候就帮忙，不但不会让下属感到茅塞顿开，反而会有一种“不信任”“莫名其妙”“管闲事”的效果，让下属产生反感和依赖心理，那样的话，开发潜力的目的就达不到了。

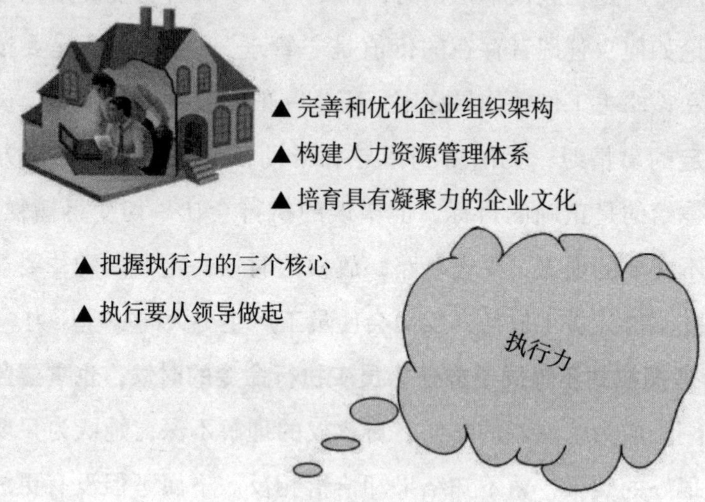

图2－2　目前国内企业如何构建执行力

4. 国内企业构建执行力需重点做好四项工作

执行力影响到企业战略部署的落实与目标的实现，任何目标都必须在转化成实际行动之后才有意义。执行力影响到企业的生存与发展。目前国内企业做好执行力构建工作需努力做好如下四方面工作：

（1）要完善和优化企业组织架构；

（2）构建人力资源管理体系；

（3）培育具有凝聚力的企业文化；

（4）把握执行力的三个核心。

总之，执行要从领导做起，领导唯有善用分权术，才能腾出更多精力和时间去做更重要的事，这样部门才会创造业绩。众所周知，舵手的任务就是扬帆远航，同样，管理者的任务就是要运筹帷幄之中，决胜千里之外，如果总是和团队一起纠结于某个执行不力的小事情上，就会影响整个团队的执行进度。该管的管，不该管的让下属去执行，这是管理者应有的境界，也是管理者亟待做好的一件事。

没有制度保证就没有执行动力

没有企业制度保证就没有员工执行动力。制度在我国企业中形成了一个假象：制度建立得似乎很明确，摆的位置也很显眼，但就是执行的时候不够明确，为什么？因为一个人情就能够将其打破，久而久之，制度也就形同虚设，失去了原有的约束力，执行自然就不给力。

所以，一个企业若是没有制度，员工也就没有更好的执行动力！

如图2－3所示，各位可以了解制度管理在组织发展中的提升作用。

图2－3　制度管理

28 岁的安琪是一家日用化学品公司的中层管理者，她带领的下属是整个公司里最优秀的精英。

因为能力太过突出，所以安琪所带领的部门总能提前、高效地完成公司安排的各项任务，相对来说，这个部门的员工看起来总是很清闲。

时间是不容浪费的，很多人都明白这个道理，所以，即便是部门明文规定不允许兼职、拉私活，但员工们还是偷偷地寻找一切机会兼职，不让时间浪费在清闲之中。

这一切安琪是不知情的。偶然之中，当安琪约见客户的时候，发现了这种情况，接私活的下属不但没有愧疚，还一脸轻松地对安琪表示，大家这么熟了，一定要手下留情。员工的这种态度其实与安琪平时的和蔼可亲与管理宽松有关。她有时候为了拉近与下属的距离，时不时地“与民同乐”一把，一起喝个酒吃个饭唱个歌什么的。这次下属的不以为意深深地刺激到了她。经过一个晚上的慎重思考，安琪第二天一大早带着检讨来到了经理办公室，她主动向上司承认了自己管理上的失误，并且要求承担责任。

经理听了安琪的汇报并没有勃然大怒，而是给安琪时间整顿部门的行业作风。虽然与下属关系亲近，但安琪并没有忘记自己是一个企业的中层管理者，需要对“上面”负责。这让经理对安琪的工作态度十分满意。

企业之所以制定规章制度，并不是为了摆个样子，也不是为了让员工来破坏规矩。无规矩不成方圆，不管是大公司还是小企业，一旦失去了制度的约束，早晚会成为一盘散沙，毫无凝聚力和执行力可言。

所以，作为管理者，尤其是中层管理者，一定要明确“情是情，法是法”，在面对原则性问题的时候，要认清自己的身份，也要果断的做出抉择。

1. 制度是用来遵守的，即便是管理者也不能随意打破

规定是死的。在企业中，规章制度是个不可打破的严肃问题，它冰冷无情，只有严格遵守的人才能在层层筛选中脱颖而出，留到最后。整天想着如何打破制度的叛逆者是无法在企业获得立足之地的。不遵守游戏规则的人总会被游戏拒之门外。规则非常冷血，不论是管理者还是普通员工，一旦触犯，得到的惩罚和结果都是一样的。所以，作为承上启下的中层管理者来说，更应该保证对制度的尊重和遵守，起到良好的带头作用，不要轻易为了人情世故打破既定的制度。

2. 制度是执行的约束力，要合理可行

规定是死的，但人是活的。虽然制度很残酷，但你不去触犯它，它就不会妨碍你。管理者中，存在一种“酷吏”，他们认为，制度的作用在于惩治，作为压制下属的工具，制度是不容侵犯的。下属无意中犯错，在苦苦的哀求声中只得到一句“制度就是这么规定的”！想当然会让下属感到无助和冷漠，从而为自己扣上一顶冷酷无情的帽子。

所以，管理者们在建立制度的时候，首先要注意制度的合理化，其次就要注意制度在执行过程中的角度和方法，虽然对待同志要像春天般的温暖，但是也要懂得在适当的时候暗示制度的底线，避免因为制度引发部门中不必要的纷争。

3. 制度要服务于执行

制度通常都是在公司建立之始确立，往往根据的是当时的实际情况，所以在公司发展过程中，难免有很多制度很可能落伍，不再适合目前的执行状态。所以，在积极修改制度的前提下，管理者更要明白如何变通。

如果这时管理者还只顾追求制度化，采取的措施不够人性化，那么，由制度产生的问题就会越来越大，员工对管理者和公司的支持和向心力就会越来越少，工作与制度将会无法执行。

中外企业管理差异背后的思考

纵观西方强国，很多国家都有“追求完美”的精神，这使得许多外企在对待执行力的问题上也抱着“力求完美”的态度。

“差不多就可以了。”这是很多国内企业在执行上的最大问题。完美主义似乎仅存于外企，即便是在合资企业，很多人也习惯于“成大事者，不拘小节”的思维方式。目标订得太远，太大，以至于细节上就不去斟酌，所以“大事化小、小事化了”，最后“千里之堤，溃于蚁穴”。甚至更严重的是，仍旧有许多企业只顾追求利润，先发展业务，等到问题出现的时候才想办法解决，如果不能解决就放弃解决。

对于国内企业来说，根本的解决之道是改变经营理念和策略。在执行上取得成绩的第一前提是企业经营理念的成熟，而非员工的努力程度。如果一个企业不能通过提高执行力的考验，就如同小树在森林中不能脱颖而出，无法拥有更多、更广阔的发展空间。

亡羊补牢的事情，偶尔为之未尝不可。但总是充当补救人员的人，虽然立了功，却不能称之为好的管理者。好的管理者应该做的，是防患于未然。在任务执行后期产生问题，很大程度上错在前期工作的不到位。中外企业管理理念上有个很大的不同，那就是外企通常更重视前期的准备工作，他们不允许在任务执行过程中出现问题，而国企则总是将注意力放在如何补救上，这样的企业像个救火队，还怎么有精力去谋求发展？

杜欣在这一点上非常有发言权。她是一个很有远见的中层管理者，担任某公司部门经理之后，她一直坚持身先士卒。每当她找到一个新的出发点，不是马上让员工着手，而是自己先试水，找到问题的关键点，总结出经验教训，与员工讨论分享后，再全员出动。

久而久之，杜欣的每个下属都成了部门里的执行能手，更与杜欣形成了默契，有些时候，杜欣只需要简单地说出自己的想法和目标，下属就能心领神会，短时高效的执行任务。

拿最近一次成功的案例来说，身在传媒行业的杜欣发现，当媒体广告刚刚问世的时候，人们对于“广告效应”还不是非常认可，而实际上，这种潜移默化的改变却是真实存在的。所以，她在一次部门会议上提出了这一点，但她并未将重点指出，那就是通过让客户和潜在客户认识到“广告效应”的存在而为部门争取更多的业务。令杜欣惊讶的是，第二天一早，她的办公桌上就出现了由部门全体员工参与制作的巨幅海报和工作计划，将她所要传达给客户的理念体现得淋漓尽致。杜欣马上布置任务，开始新一轮的业务冲刺，员工们也斗志昂扬，很快，这个海报一经问世就吸引了很多大客户，杜欣的部门在团结默契的氛围中再次创造出好成绩。

领导者是团队的灵魂。一个团队的执行力如何，并不是简单的每个人执行力相加的总和，而是掺杂了很多客观的要素，尤其是管理者的执行力如何。因为每个员工都有不同的特点和优势，所以，团队的管理者能起到的作用就是融合这些优点，最低限度地减轻损失，以身作则，成为整个团队的中心，带领员工们认清执行目标，共同奋斗。

管理者是领跑者，不是拉拉队长。单纯的喊口号，讲策略，这样的管理者是无法让下属信服的，你的设想和目标连你自己都不去尝试，如何让下属去执行呢?

1. 说得简单，却难以理解，一旦理解，又保证不了执行

说得漂亮不如做得漂亮，很多管理者构想得非常完美，但是一旦落实在现实中，无论如何都不能帮助下属落实好目标。在布置任务时，他们以长篇大论作为自己的任务，尽管夸夸其谈甚久，但下属们在执行的时候还是一无所知。

你说了那么多，到底哪些是有用的？员工总是在揣摩你的意思，你又如何让员工有时间思考执行？管理并非简单意义上的下达命令，管理者应该将目标落实，明确地告诉员工要做什么，这个任务需要执行到何种程度、获得什么结果。

只有目标明确，步调一致，当执行结果出来时，才能有据可查，知道你所做的努力是否与预期目标一致。一个团队对一个项目执行不是一蹴而就的，所以，很多事情都要实施强调，尤其是目标和执行。

2. 你是一个管理者身份，时刻要谨记自己的“管理”职责

不是每个人都是天生的好员工，很多人在踏入职场后还保持着相当的惰性，也有些不懂如何做事，在学校养成的被老师督促的习惯还没有进化为自我督促。在这个时候，下属的执行力就要依靠你来激发。所谓“管理”，除了“理”，还要“管”。

别忘了，想要一个完美的执行结果，那么就别偷懒。即使每个员工都在按部就班的执行工作任务，作为管理者，你也应该在一边察言观色，及时的督促、推进工作进度，并给员工适当的指导，使员工少走弯路，令计划圆满完成。

第三章
让高效执行变得简单化是企业最好的出路

有句话说得好，“预则立，不预则废”，企业也不例外。企业就像一台机器，正常运转离不开发动机器的人的支持。而支持企业运营的关键人物，便是管理者。事实上，所有的领导力都源于自我掌控。管理者只有先有效掌控了领导力，你才有资格和能力领导别人。

何为领导力？它源于什么？如何才能让高效执行变得简单化？

追根溯源，管理活动是这个世界上古老而又普遍存在的实践真理，有特殊的内容和规律，管理者体现并反映了这种活动的特殊性。

而领导力则是管理活动中对知识、经验等要素的综合运用与总结。

领导力更像是一种主观要素，与执行力密切相关，如果说执行力的知识、方式、手段等是产品，那么，领导力则是“原材料”，是执行力落实最好的助推器。

想要让高效执行变得简单化，要做好几个准备，例如，了解三环领导力模型，学习建立企业文化，打造精英团队，以及掌握权变理论等。

三环领导力模型完成任务

著名管理大师彼得·德鲁克说过：“世界上可能有天生的领导者，但是可以依赖天资的人实在是太少。领导力应该是学来的，也是可以学到的!”

时至今日，这段话依然是培养发展领导力的重要管理理念。

图3－1　三环领导力模型

随着经济全球化和我国经济飞速发展，我国有越来越多的企业开始从单一的产品、市场竞争转型成为人才和技术的竞争，很多企业也将人才视为其发展过程中的“核心竞争力”，这意味着领导力的培养和发展将逐步成为企业永续发展的原动力。

我在从事培训工作初期，向一个知名的管理老师学习了三环领导力模式，也叫“行动力中心领导模式”，其英文为 Action Centred Leadership，简称“ACL”，通过上述图形可以看出，三环领导力模式具体体现为相互制约的“三个环”或“三个球”。

主要包括三项内容：

（1）完成任务。

（2）建设团队。

（3）发展个人。

领导力则是综合了上述三点内容，在空中同时运转这三种能力的三个圆环。

三环领导力模型通过最直观、简明的方式传达了作为一个有效的领导者应具备的能力和应该履行的职责。

三个圆环代表三个维度，彼此牵制，缺一不可。

举个最简单的例子，任何团队如果不重视任务，在执行任务期间都会很容易受到不良因素的困扰，同时还会影响员工个人能力的发展与进步。而作为管理者，如果在执行任务期间，过于强调任务的结果，尽管有可能率领团队在短期内实现目标，但如果要以牺牲其他两个平衡要素为代价，那么，管理者的领导力就会失衡，其一切执行能力在指挥团队作战的过程中就会失效，导致团队成员流失率大增，执行不力。

为此，管理者应不遗余力地掌握三环领导力模式，因为它还具备以下优势，可以让你的执行力更上一层楼：

（1）没有时间上的限制。

（2）没有具体情境或文化方面的相关性。

（3）能够有效帮助管理者意识到自己的前方情势，知道自己身在何处，并第一时间意识到企业组织的真正需要，这些都能使管理者从执行不力的状态中迅速摆脱出来，创造业绩。

流程从程序上保障企业执行

如何评价一个企业是否高效？

只要去这个公司办理一项业务就知道了，看其一项简单的业务是否需要好几个流程，必须主管三审五批，折腾个十几回才能完事。

这并不是对企业执行能力的一种讽刺。有一个外国学者问一位培训师：中国的企业怎样做才能蓬勃发展起来？

回答者同是一名经验老道的企业培训师，他说，最好的办法就是把这个部、那个局的全部砍掉，这样中国的企业自然就能发展起来。这里，其实讲的就是企业执行效率的问题。

话说回来，如何评价某个企业的流程是不是高效？

很简单，只要看企业流程的执行时间长短。

许多管理者把提升“企业执行效率”作为企业发展的有效途径，殊不知：怎样才算是提升企业执行效率？

简单地说，企业的流程能够从程序上保障企业执行，从而提升执行效率。这便是企业发展最简捷的途径。

具体地说，企业的流程主要分为公司级流程、部门级流程和岗位级流程。从执行内容性质来看，又分为业务流程和管理流程。

其中，业务流程是指“企业经营运作的相关程序，涉及企业供、产、销三个基本环节”。而管理流程则是指“包括企业开展各种管理活动的相关程序”。

一句话，战略决定流程，流程适应市场。

另外，一个企业想要得到发展，效率是非常重要的。效率就是企业的生命，更是执行高效的保障。流程是否能保障企业执行，还要看是否有效。

随着市场的饱和和国家对于房地产行业的调控，许多房地产企业慢慢地走向衰落。这些企业的带头人往往在行业发展势头较好的时候放松警惕，不注意执行力的贯彻，楼盘开盘的时间无所谓，产品也就是房子卖得好才是硬道理。

但目前不景气的行业让人们越来越意识到，越早开盘，越能够有效的减少成本。尽管开盘晚也有好处，可能使利息有上涨的空间，所以，开盘早晚与否，就不是那么重要了。

但事物是在发展变化的，时值房地产调控期间，如果一个预计开盘的楼盘无法按原订计划执行工作目标，对企业来说，这就意味着庞大的资金链因此断裂，楼盘的开发成本也会增加，因为时间无法确定，所以楼盘的销售机会也会大大缩水，企业利润大幅降低。

在这样的情况下，楼盘必须保证按照原计划开盘，这一既定目标使公司对各个部门的执行能力有着更高要求。也就是说，作为企业，必须保证工作流程更加高效，这样执行起来才会更有效率。

为了保证流程的通畅高效，同时提升执行的效率，这个企业做了如下规定：

第一，每个项目的审批时间严格控制，最长不能超过5个小时；

第二，每个流程的执行周期要缩短，最长不得超过10个小时。

这种刚性原则在企业内部的执行并不简单，因为执行就意味着更高的台阶。如果企业想要在这样的原则下运转，就意味着对企业的整体运营以及员工和管理者执行能力有着高要求，为配合这一原则，企业的运转新方案应运而生：

1. 企业为每个管理者配备一台内部专线

高效的执行必须使命令的上传、下达得到保障，让管理者能够做到需要的时候随时“办公”。

2. 一定要定期提交“执行报告”

只有定期提交“执行报告”，才能及时反馈工作情况和建议，同时，有足够的时间让管理者及时针对流程上出现的问题进行改进，进一步了解员工的执行情况等。这样一来就能更及时准确的给员工以工作指导和建议。也可以通过这个报告来提醒业务情况，进行奖惩和评比。

另外，集思广益很重要。在需要共同协商的时候，管理者必须及时召开会议，了解员工和管理者们的想法，调整和完善流程计划，广泛深入讨论，并总结出切实可行的方案。

这样的制度和方案看上去简单易行，但在执行上具有很大难度，必须让管理者付出一定的时间和精力，以这种强有力的执行来保证效果，不断完善计划，使流程计划的制订趋于合理化。

3. 所有高效的执行必须建立在科学的流程的基础上

一个好的流程表能够提醒很多东西。例如，从程序上保障执行的时间、标准、目标和效果，按照流程进行工作，能够保证管理者将命令贯彻到位，保证员工能够及时的反馈信息、充分的发挥主观能动作用，如果没有流程参照，任何执行都会失去基础和保障。

4. 一个合理有效的工作流程，需要不断的做出修订和改变

要知道，靠流程来保障执行是完美工作的基础。想要真正的提高企业和员工的执行力，首先要明确的就是如何提高工作流程的执行力。通过流程的制定，让员工和管理者在执行期间的固有思维和行为得到改善和进步，经过一段时间便会养成科学的执行习惯，执行力自然会得到提高。科学有效的流程还有一个特点，那就是能够根据时事的变化而变化。目前，我国不少企业面临的问题在于，需要注意加强执行计划的修订，制定应急处理机制，从多方面多角度执行，从流程出发，在企业内部产生强大的凝聚力，从而提高工作效率。

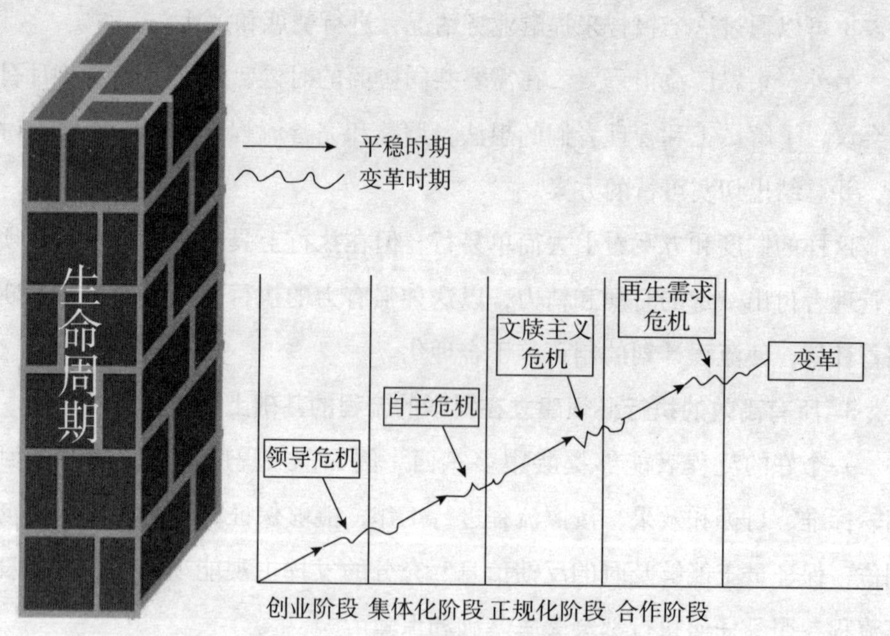

图3-2 企业的生命周期

由图3-2可以看出，任何企业的发展都要经历四个阶段，而在这个高速发展的现代化社会里，无论在平稳时期还是在变革时期，战略之于企业从未显得如此重要，但是有优势的战略建立在合理的模式之上。

西方一位管理学家认为，任何企业想要长足发展，都必须解决以下几个问题：

（1）企业发展之初，所在行业环境是怎样的？

（2）企业所处行业未来的发展环境会有什么变化？发展趋势是什么样的？

(3) 行业格局一旦发生了变化，企业应该如何应对，如何能保证从中获得利润?

战略从来没有像现在这样重要，但是优势仅在战略被实施后才会来临，明天的胜利者是今天的聚焦战略者。

成败由什么决定?有抱负，有战略，行业前景好，并不是成功的绝对保障。

《财富》杂志曾经刊载过一篇文章，总结CEO成败的原因时，对于自认为制订了正确的战略就能让企业在竞争中稳操胜券的观念进行了强烈的谴责。实际上，绝大多数的情况下，企业不能成功的真正原因不是战略的问题，而是执行的问题。

一个企业要想可持续性的发展，要想在激烈的竞争中立于不败之地，就必须明确观念，建立一个行之有效的组织架构。

组织架构对于企业来说非常重要。如果没有能够保证有效执行的组织架构，企业的生产业务就会一团乱麻。很多员工和管理者之所以盲目的工作，是因为他们不知道自己该做什么，能做什么，做好了向谁汇报，做不好如何改进……一个人的混乱会影响一个团队，一个团队的混乱会造成一个企业的混乱。混乱与冲突相互碰撞，最后员工的工作绩效不好、生产成本超标、企业没有竞争优势、员工士气低落、企业利润下降、管理人才流失……蔓延到整个经济体系中，不断累积的低效率会导致资源的惊人浪费，整个行业都会受到影响。小到影响一个企业，大到影响一个行业，组织架构不完备、不健全的破坏力十分惊人，一个管理者需要完备的组织架构作为工作的依据，而建立组织架构本身也是管理程序的一种，是任何有效的管理制度所不可或缺的重要组成部分。

良好的企业组织架构本身不是目的和结果，而是一种基础和手段，是行动前的必要条件，而不是行动结果。好的企业组织架构能够促进企业效益的提升，促进企业与员工的共同发展进步，创造双赢的局面。

一个完备的企业组织架构，既具备企业自身的特点、特色，也能突出企业本身的自主性和积极性，能够帮助企业形成适合自身发展特点的优势、优点，“承上启下”；能得到广大员工的认同和理解，又能与上级有关领导部门和企业的业务机构既定的管理模式、工作机制、规章制度等相呼应。

不过我们要知道的是，任何完美的组织架构也不是成功的保障书，因为谁都没有把握完全压制人性的各种弱点，一个企业组织架构是否有效，将决定企业的绩效。即便不能百分之百的保障成功，但也不能忽视组织架构的作用，虽然无法确定好的企业架构能够取得怎样的效果，但充满缺陷的组织架构，绝对会为企业发展埋下隐患。不少企业的管理者往往因此困扰不堪，在面对激烈的外部竞争的同时，还会陷入内斗的深渊。企业会改变它的属性，从一个赢利机构转变分裂为多个阵营与派系。

通过总结和调查发现，无论多么有能力的人，在他全部的工作生涯中，他的效率、他的成就乃至于他的责任感和满足感，都深受工作时的组织架构的影响。一些偶发性的混乱和失败，计划中与计划外的不良影响，总是会有某种形式的组织架构发挥着作用。

1. 组织规划的工作成果，反映在组织架构图中，就等于那些代表职权的格子或直线

这些格子与直线，代表着各项计划。这些计划是管理制度的重要组成部分，其制订的目的在于提出要求并激发出员工具有成效的决策与行动，以此来完成企业的目标。但组织规划绝对不是表格而已。它真正在处理的是人的行动力、企图心、情绪变化以及个人效率等主观的问题。能否有效地使个人的行为达到公司标准，很大程度上取决于各级员工干部能否以身作则、组织架构是否完善、要求他人遵守规章制度的决心是否能够坚持到底。

2. 组织架构具有限制性的特点

虽然流程必不可少，但事实上，所有的管理流程都是限制人的，因为具备一定的约束力，所以，从某种角度来看，流程必然具有限制性。想要约束绝大多数人，让大家同心协力，那就很有必要施加一些束缚，有条理的约束能够让企业产生向心力和凝聚力。但这种束缚对于有能力的人来说，还是游刃有余的。在健全的管理制度与优秀的管理下，这类人即便受限于组织架构及其他制度的约束，仍然能够有较高的绩效，而且充满工作激情。所以，没有企业不期待人才，这些人不仅可以很好的完成自身的工作任务，还能增强企业发展的活力，成为企业赖以生存的重要支柱。

3. 想要改善企业发展模式，需要合理有效地改变组织架构

这种改变会催生“有效执行”的诞生。康佳集团核心干将匡宇斌与他心爱的多媒体业务告别后，便开始了其企业发展历史上最大刀阔斧、最大规模的组织架构调整。早在很久以前，康佳的创新变革已初露端倪，企业将原有的手机业务整合为工程事业部和营销事业部，原有的多媒体事业部拆分为彩电事业部、数字平板事业部、数字网络事业部、多媒体营销事业部共四个事业部，同时将海外营销公司全面升级为国际营销事业部，各事业部之间独立核算、独立运营，但同样隶属并服从于集团总部。

如同树木的生长一样，企业作为一个有机的复杂的系统组织，在它的成长、发展过程中，需要创建一个合理有效的组织架构，将各项互动的要素调配得合理有效，像培养一个强壮的树根一样，使企业的枝桠能够从环境中源源不断地获得成长所需要的各种资源和正能量，组织结构能够通过对资源的增值处理和分配让企业得到更好的发展，让资源得到更好的利用，让企业在面对危机的时候更从容。

企业文化的力量不容小觑

高效执行力源于信仰的力量，它是左右企业成败的关键所在，也是企业之间区分“平庸”与“伟大”的重要标志。

那么，信仰源于什么？它源于所在公司的企业文化，或者说是近乎教义一样的文化信仰。

在几年前，“企业文化”就成为了热门流行词，不仅为管理者们津津乐道，也逐渐被企业或个人用滥。但只要悉心观察，不难发现，大部分企业在文化建设方面，通常只是为了几句新颖、独特的口号就自我满足，或写出来几篇感人至深的品牌故事就称之为文化。更有甚者，管理者站出来进行一番慷慨激昂的陈词，便谓之为“文化”。在我看来，这些都不是真正的文化，因为他们只是把口号挂在空中，却没有写进员工的心里。真正强有力的文化能促进企业员工执行力的提升。企业文化具体是指在企业中长期形成的共同思想、作风、价值观念和行为准则。

信仰是一切力量的源泉。如果没有信仰，企业的制度就毫无作用，员工的执行力也就大大下降。信仰是一种精神动力，能够滋生执行力，如果没有执行力，企业就会濒于平庸。高尚的信仰来自于企业文化，完善企业文化等于为企业创造一种近乎教义信仰般的力量。

“企业文化”是现今常被人念叨的词儿。大多数企业并不懂什么是企业文化。它们的企业文化建设，只满足于制定几个口号，发布煽情的文章，或者时不时由管理者发表几次充满激情的演讲……但是，这些都是流于表象的东西，并不能让信念根植员工心里。

IBM在很多地方都类似一个教会。它把自己的企业信念制度化，像《华尔街日报》曾经指出的一样，IBM的文化影响极为深远，以至于员工离职的时候，甚至认为离开这家企业就像移民一样。还有可口可乐公司的员工，尽管离开这家公司很多年，却依然对企业文化保持着忠诚的信仰。他们依然坚持认为可口可乐公司是世界上最好的公司，可口可乐的销售技巧是最好的，最正宗的可乐就是可口可乐而不是百事可乐，甚至坚持只喝4℃的可乐并始终认为那是最好的口味。

多么可怕的企业文化！但是，也只有这样的企业文化，才能造就对公司无限忠诚的员工，只有这样的企业文化才能让工作任务等同于人生使命。

企业文化从何而来?

1. 很多企业的文化都深受公司创办者的影响

在1866年，美国新港新闻造船和码头公司的创办人亨廷顿曾经这样说过："我们要造好船，如果可能的话，赚点钱。如果必要的话，赔点钱。但永远要造好船。"而对于他的员工们来说，这句话就是信仰。直到1987年，这段发言还经常被公司的副总裁引用并镌刻在公司最显眼的地方。

2. 在总结过去中形成企业独特的文化价值观体系

一个完美的企业文化仅仅依靠创办者的影响是远远不够的，企业文化之所以能够成为信仰，是因为它来自历史，又总结了现在，同时还畅想了未来。企业文化是一种提炼出的精华，对于每个企业来说，具备不同但鲜明的特色。企业文化需要不断的被加深印象，从上而下，从管理层到员工，要不断的宣导、复制、灌输企业信仰，还需要切实的身体力行。

3. 对于企业文化的宣扬来说，最有价值的就是身体力行的复制

企业文化不代表上司，但上司的身体力行绝对能够让企业文化深入人心。很多企业内部，各部门之间之所以各自为政，是因为企业的文化和信仰并没有有效的渗透，而是在不同的部门内形成了不同的"文化和信仰"。每一个观众心里都有一个哈姆雷特，每一个上司和管理者都坚定自己的风格才是部门的风格。这种自以为是的风格确立让企业文化分崩离析。曾经有一个关于零售企业的调查，调查内容是员工工作环境的评估，结果在一项关于员工所拥有的条件和设备的调查结果显示，硬件完全一样的两家店却有高达30%的差异！显然，这些都是部门分化的体征。

不是每个部门都能很幸运地碰到好的管理者，不是每个好的管理者都能较成熟的塑造企业文化，也不是每个好的企业文化都能得到贯彻和宣扬。企业文化是一个整体观念，是一个大的观念，而不是部门的、小的理念。

4. 企业文化的认同要从招聘开始

企业需要招募的，必然是认同企业文化的员工，而不仅仅是才能出众的员工。即使再出众的员工，如果不认同企业文化，那么在执行的过程中也不会有很强的执行力。

执行不是空谈，执行是一种动作，是体现于细微并且非常现实的。

5. 一个企业想要成功，单靠幻想是不行的

比如可口可乐，尽管它的分销网点已经是全球最大的，但它的管理人员仍旧会在马路上问一位老大妈为什么不去购买它的产品。知名化妆品品牌欧莱雅的CEO会在商店里仔细的观察每一个竞争品牌的柜台陈列，尽管欧莱雅在销售绩效上早已把这些竞争对手击败。

企业文化深深的影响着执行，所谓执行，也就是每一层的管理者和员工都依照公司的文化标准去判断和实施一件事情。大型购物连锁沃尔玛的创始人山姆·沃尔顿非常勤俭，从他自己的办公室到一个店面经理狭小寒酸的办公室，无一处不体现着沃尔玛的成本观念，也时时刻刻地体现着企业对成本的控制要求的严格执行。如果企业想要员工做到什么，那么就从管理者自身开始吧！要知道，连自己都不相信的口号，没有人会傻得奉为信仰。

6. 执行力本身就是一种文化

执行力本身就是一种文化，我常常不理解那些整天试图挖掘“个性文化”的企业，他们犯下的最大的错误便在于忘记了这一点，完全没有把执行当做企业文化的一部分。只顾着空喊口号，却不去行动。

文化不是空谈战略，也不是炫耀企业业绩，而是反映细微的现实，是企业每一个执行细节的具体研究。没有执行文化的企业，其他一切文化的建立不过是一具经不起风吹雨打的空壳。

建设团队与发展个人同时进行

如果一名管理者在实际工作中只关注自己的利益，不具备团队精神，忽视团队的利益，再有能力也无法在企业里拥有一席之地，被员工认可。如果管理者仗着自己比其他人地位略高一筹而傲慢地拒绝与其他员工合作，或者以各种理由推托，丝毫没有积极合作的潜意识，甚至不听员工意见，总是一个人孤军奋战，这对于受其领导的员工和企业都是十分可怕的事情。

众所周知，如果一支足球队，只有英雄主义，没有团队精神，就永远没有胜利的可能。

可以说，没有团队的成功，就没有管理者个人的荣誉和成功。

公司的英文是“Company”，指的便是“A Group of Company”——伙伴关系。

仔细分析，朋友是一种伙伴关系，两个人合作完成一项任务是伙伴关系，就连相濡以沫，彼此照顾的夫妻不也是伙伴关系吗？所以，管理者和员工之间也是一种伙伴关系。

以前曾听老师讲过一则世界性的评语：“遇见一个中国人你得小心，遇见一个日本人你可以放心；遇见两个中国人你也可以放心，遇见两个日本人你得用心；遇见三个中国人自己会打起来，遇见三个日本人，你就要用全身心去防范。”说的是日本人的团队精神，也是中国人面临的尴尬。

在进行团队管理的课程时，我曾把“运动团队”作为团队的一个典型。

首先，运动团队的成员必须经过层层选拔和优化组合。

其次，每一个运动团队的成员都有各自的任务，每个人的职责都不尽相同。

最后，管理者在管理运动团队时，需要有针对性地对待，分开培养。

从某种程度而言，整个企业团队的总体业绩，来自于团队每位成员的单向业绩，只有单项能力突出，整体业绩才有高分。换句话说，只有每一个员工充分发挥自己的能动性，才有可能使企业业绩最大化。所以说，企业发展的重点在于团队合作，管理者务必要注重协调与合作，不能只顾自己个人的发展。领导再优秀，成员个人能力弱、素质差，那么你的部门也不能称之为一支精英团队。

运动团队是团队的典型代表。任何一个团队的成员都必须经过精心的选拔和组合，因为每个团队成员的职责都与其他人不一样，所以招揽的人才都是有独特性的。因此，管理者在管理团队成员时要区别对待每个不同的员工，有针对性地进行培养。因为团队的业绩首先来自于团队的每一个成员的业绩，所以，只有当每个成员都能协调好与别人的分工和人际关系，并充分发挥自己能力的时候，才能让团队的业绩最大化。由此可知，团队发展的重点在于协调合作、配合与理解、最大限度地发挥每个人的全部潜能。

那么什么才是团队精神呢？

团队精神是个热搜词，无论是媒体还是企业，很多人都在谈“团队精神”、“团队合作”……所谓团队精神，反映的是人与人合作的精神和能力。一个人能不能与别人合作好，能不能与别人相处好，也是一种价值。对于一个企业来说，一个人才并不稀罕，一个能够与其他人和平共处，团队协作的人才才是有价值的。对于团队精神来说，微软公司就是一个很好的榜样。其员工是这样理解团队精神的：

①团队精神需要一群人同心协力，需要集合众人的脑力，集思广

益共同创造一项智能财富，团队所产生的群体智慧将远远高于个人智慧

②个人的创造能力是很神奇的，它是一种人类潜能，能够在情感的影响下丰富起来，也受到科学技术的束缚

③团队就是一群人一起努力，富有团队精神的人总是为集体全心全意的贡献着力量，他们的创造力结合成巨大的能量，在彼此之间结合的创造力由于团队中各成员的互动关系会变得更加复杂

④在团队关系陷入复杂的情况下，团队的管理者，也就是领导者，就会成为疏导者，使人际沟通变得顺畅

⑤当团体中各成员之间的互动都正确而积极时，能够让整个团队的力量集中，产生加倍的效果

⑥如果忽视团队精神，那么集体作战只能得到平庸的成果

综上所述，团队精神就是团队的各成员为了集体的利益和目标放下个人得失，团结协作、共同努力，能够将个体利益与整体利益组合统一，从而实现组织的高效率运作，达到理想的工作状态。优秀的管理者是整个团队中的灵魂，也是成功团队中不可缺少的要素。在管理者的指导下，各团队成员之间对于信息的分享和个人的行为必然会影响到群体的整体绩效。

职业测试告诉我们，每个人的个性都是不同的，不同个性、不同性情的人适宜做不同的工作，担任不同的职务。在任命员工和分配任务的时候，需要给不同的人才安排不同的职位，不但要认真对待人才的选择，也要重视人才的组合搭配。管理者只有通过深入全面的了解，并且根据每个人不同的特长、素质、心理、能力、个性、气质及其品格等要素，配合不同工作职位的条件和要求来进行分配，全面客观的考虑和分析，使手下的人才能够得到最合理、最优化的配合使用。这样，既能避免“三个和尚没水吃”，也能取长补短，叠加人才的优势，人尽其才，物尽其用，搭配出

术业专攻、业务能力超强的团队。

企业需要人才，但决定企业胜败的，却是优秀的团队。独木不成林，没有人能靠单打独斗就获得成功，只有依靠团队协作的力量，依靠集体的智慧，才能铸造辉煌。一个现代企业想要谋求生存与发展，最重要的就是要建设一支凝聚力超群的卓越团队。如今的市场竞争已经转换为团队实力的竞争，团队精神俨然成为企业立足于世的核心竞争力。

一个人撑起半边天的时代已经过去，随着国际化的竞争愈加激烈，各大企业之间的火药味不减，个人之力势必令企业难以生存，忽视团队的利益，没有团队精神，是无法在现代企业里立足的。如果哪个人仗着自己比其他人优秀而傲慢地拒绝与同事合作，或者找各种借口，没有积极的合作意识，总是自己一个人在孤军作战，那是十分可怕的事情。

用权变理论来看待企业执行力

权变理论，也叫“应变理论”，权变管理理论。

权变理论始于20世纪60年代末70年代初，这一理论认为：“每个组织的内在要素和外在环境条件都各不相同，因而在管理活动中不存在适用于任何情景的原则和方法。”具体是指：“在管理实践中要根据组织所处的环境和内部条件的发展变化随机应变，没有什么一成不变的、普适的管理方法。”

任何一位成功管理大师成功的关键在于其对企业内外状况的充分了解和掌握，从而有更高效的应变策略。

系统观点是权变理论的科学依据，权变理论提倡从系统观点来考虑问题，其核心内容是：“通过组织的各子系统内部和各子系统之间的相互联系，以及组织和它所处的环境之间的联系，来确定各种变数的关系类型和

图3－3　权变理论

结构类型。”

权变理论强调管理者在具体执行过程中，应根据企业所处的环境和内外条件的变化，而提出更有针对性的执行方案或方法。

简言之，权变理论要求管理者学会随机应变，具体问题具体分析。针对不同条件找到不同的解决方法。

正所谓“世上没有相同的两片树叶”，在这个世界上，也没有一成不变的管理模式，为此，与其说权变理论是一种理论，不如说它是一种执行性和可行性皆强大的执行艺术。

那么，管理者应该如何掌握权变理论呢？

1. 管理者要有善变的勇气

一个优秀的管理者应当是一个善变之人，这里所谓的“变”，是指根据环境的变化，及时转换自己的领导方式。时代变了，局势变了，你的领导模式却没有改变，那你迟早要被淘汰出局。

2. 管理者应学会调节自己，以随时适应外部的变化

适者生存，权变理论便揭示了这样一个道理，面对外界的变化，权变理论告诉管理者，必须不断地自我调节，主动做出改变，才不至于跟不上外界变化的脚步，如果管理者本身能长期处于良好的“适应状态”，那么，没有什么暴风雨是无法令管理者适应的了。

3. 一分为二地看问题，权变理论无所谓好与坏

权变理论最多只能算是一种行为指导，无所谓好与坏，它只教会管理者一种管理智慧，有些时候，转换一种思维方式，或许就会有更好的执行效果，但也有的时候，转换并不一定就会成功。

所以说，权变理论或许不是最好的解决方案，但却是当下最符合实际情况的思想，这使得管理者更加富有成效地执行任务，从本质上讲，此之谓管理的一种升华。

4. 不断积累管理经验，以适应变化的世界

美国《财富》杂志调查表明：在世界500强企业中，绝大多数企业成功的因素主要有三个：

第一，技术过硬；第二，执行高效；第三，适应性强。

从中足以看出两个问题：其一，执行力是企业成功的法宝；其二，谁能适应变化谁就能笑到最后。

在市场环境急剧变化的今天，执行力以及适应变化的能力关乎企业的生死存亡。唯有那些能够在环境发生改变时第一时间做出反应的企业才能抢占先机。换句话说，企业的管理者若不能适应局势的变化，很可能束手就擒，令企业面临灭顶之灾。

有话只说七分，给执行留下三分想象空间

我们从小就被训练要把话说完整，如果讲一件事情的话，就要把时

间、地点、人物、起因、经过以及结果都交代清楚。据说，这样可以表现出我们思维的逻辑性和严密性。而这对于一名企业管理者又是最为基本的素养。

其实，有的时候，管理者并不一定要把时间、地点、人物、起因、经过以及结果一一讲明。但这样做并不是等于承认说我们的思维缺乏逻辑性和严密性，而是有意为之，是为了给执行者留下一点想象的空间。

1974年，在拥有铃木、富士、本田等著名日本摩托车品牌的中国台湾摩托车市场上，台湾本土的摩托车制造商三阳工业公司却一举夺得当年的摩托车销售冠军。

能够取得这样好的销售业绩不仅仅是因为三阳工业公司生产的摩托车比其他品牌的摩托车质量有多好，价格有多便宜，售货服务多有保障，更是因为管理者巧妙地执行方式。

这一年3月26日，一则奇怪的广告同时出现在了台湾的两家主要日报上。这则广告占用了8栏15行的版面，宽阔网边的中间是一大块空白，上端画着一辆没有厂名的摩托车，下端是六行字：

“今天请不要买摩托车，
请您稍候六天。
想买摩托车，
那您可要慎重了。
一部绝对意想不到的好车，
即将上市。”

3月27日，相同的报纸，相同的位置，除了“六天”变成了“五天”，整个广告的形式也是完全相同的。

3月28日，广告继续刊登，只是“五天”变成了“四天”。

一连三天刊登出“今天不要买摩托车”的广告，却没有说明为什么不能买?

要买哪家公司生产的?他们的摩托车意想不到之处究竟在哪里?这不仅让许多消费者感到十分好奇,就连许多摩托车生产商也感到十分好奇。

当然,除了好奇之外,生产商们还感到十分愤慨,因为许多看到这则广告之后,原本有购买摩托车计划的消费者暂时持观望的态度,他们的销量也就受到了影响——三阳工业公司自己的摩托车销量也受到了影响是毫无疑问的。

于是,本田等一些摩托车生产商找到这两家报社,提出了抗议。报社就找到了三阳工业公司,希望他们能够撤销广告。但是,三阳工业公司的管理者不同意撤销广告,只是同意变更一下广告的内容。

于是,3 月 29 日的广告就变成了:

"请您再稍候三天。
想买摩托车,
那您可要慎重了。
一部绝对意想不到的好车,
即将上市。"

而到 3 月 30 日,广告中终于出现了这部即将上市的摩托车的名字——"野狼 125cc"。广告的内容也变成了:这部让您久等的野狼 125cc 摩托车无论是在外形、油耗、性能等各方面绝对会给您带来意想不到的体验,请您再稍候两天。早就等得有些不耐烦的消费者一看到这条广告,立即记住了野狼 125cc 的名字。这个野狼 125cc 究竟是什么样的?是谁生产的呢?问号还是在消费者心中浮现。

3 月 31 日的广告中,摩托车生产商的名字也出现了:三阳工业公司生产的野狼 125cc 摩托车即将上市,请您再稍候一天。三阳工业公司的名字也被人们记住了,很多人都想看一看这个三阳工业公司究竟造出了什么样的摩托车。

4月1日，广告扩大为整版。野狼125cc摩托车也正式亮相，看起来真的是威风凛凛。许多消费者都心动不已，立即跑到三阳工业公司的营业厅去体验这个野狼125cc摩托车。仅一天的时间，台湾许多地方的野狼125cc摩托车就断货了。

原来，是三阳公司的管理者要求执行广告任务的工作人员尽量说话不要说满，一旦话完全说完了，人们听过之后也就不会再想什么了。而管理者也是如此，有时只需说七分，执行者就有了想象的空间，也就会念念不忘。

三阳工业公司就只说了七分话，从而把消费者的好奇心调动了起来，等到产品正式推出时，自然能引起轰动。那么，管理者该怎样把这七分话说好呢？我总结了一下，主要有两点：

其一，说结果不说原因；

其二，说原因不说结果。

三阳工业公司的案例就是说了结果“今天请不要买摩托车”，但是没有说原因。下面我就给大家举一个发生在我的学员Iliad身上的说原因不说结果的案例。

Iliad负责一家婚姻交友网站的市场推广。他在广告中讲述了这样一个故事：他阳光帅气，她温柔可人；他喜欢读书旅行，她也喜欢读书旅行；他希望找到一个温柔可人的姑娘相伴一生，她希望找到一个阳光帅气的小伙相伴一生……有一天，他们都来到××婚姻交友网站……

Iliad的这个故事只有男女两个主人公的性格、喜好、追求以及来到××婚姻交友网站等前因，而没有最终的结果。

但是，我们大家不妨想象这一对男女会最终走到一起，也可以联想到××婚姻交友网站帮人找到另一半强大的力量。

据 Iliad 说，目前他们的这家网站运营状况非常良好，注册用户达到了1000 万人，也成功地帮助近万人走进婚姻的殿堂，究其原因，便是话说七分的力量。管理亦如此，有时管理者越是强调一件事情，恨不得把每个细枝末节都用好几页 Word 文档掰开给员工看，但结果呢？因为事前领导太过专心，导致到时候员工分心，或者说，越在意越大意，有时十分的解说并不能带来十分的效果，话说七分，或许员工才更有执行的动力。

学会有效掌控领导力

作为领导者，必须具备和人才一样，甚至超过一般人才的条件和素质，例如，强大的内心，知识渊博，做事有效率。这些综合素质是领导特质初步形成的基础条件，但不等于有了这些要素便有了一流领导力。具备这些要素很可能成为了不起的员工，但不一定就能成为伟大的领导，而一个已经很成功的领导，即便具备了这些素质也不一定就能有效掌控领导力。

历史反复证明，一个管理者身上若是没有执行的天分或科学的方法，就算不上是一流管理者。

然而，没有谁是天生的领导家，如果你每天坐在办公室等结果，那你永远也成为不了领导家。想要掌控领导力，首先要倾听民众（员工）的意见和心声，有空的时候，不妨多走出你的办公室，多走进团队的办公室，多听听大家的意见。

海尔集团总裁张瑞敏可谓是管理界的风云人物，他有一句名言：高层管理不等于高高在上。

管理者是操控者，同时也是服务者。你不仅要尊重你的工作，也要尊重部门中的小管理者，更要尊重你的员工。不要随意穿梭在其他部门，你要知道，你所能做的绝对不是闲聊和串门。私下的交流和指导偶尔为之未尝不可，但久而久之会影响下属和同级同事对你的看法。妨碍了正常的流程，也就等于对执行力的干扰，实际上就是“越权”操作，影响了正常的上下级关系，对整个团队的绩效产生负面效应。

许多管理者因为成为领导，所以更沾沾自喜和骄傲，他们总是喜欢“管闲事”，认为自己的才干放在哪里都能起到积极的作用。虽然自己付出的多一点，但能力越大责任越大嘛！谁让自己有才干呢！实际上，这种“越权”的危害非常大。

1. 这种行为会扰乱正常的工作秩序

任何一个部门都有自己的工作程序，任何一个员工也都有一套自己独特的工作方式。每项任务在交代下来的时候，都会有合理的流程和安排，这些流程有条不紊的运行才构成了完整的工作流程。如果管理者对下属的工作随便干预，这种行为会扰乱下属的正常工作秩序，乃至扰乱整个团队的工作秩序。

2. 会挫伤下属的积极性

除了显示自己的才干，这种“越权”行为也会让下属感到你的不信任，产生负面情绪，并且使员工养成依赖感和懒惰心理，认为有你负责，员工就不会主动发挥能动性，完全被动的依照你的意愿去工作。长此以往，下属就会失去工作的积极性、主动性、创造性，也影响了下属的锻炼和成长。

3. 对团队的团结有妨碍

管理者的越级让有职无权的下属的自尊心会受到伤害，产生反感情绪，加深了管理者与下属之间的隔阂。

为了防止“越权”，管理者应该做到：明确职责范围，知道什么是该做的，什么是不该做的。

权力是从责任中来的。管理阶层作为一种职务，应该承担相应的责任。如果管理者“有职无权”，那就是被人“越权”、“篡权”。如果管理者“有权无职”，那就说明侵犯了别人的权力，是“有责无权”。所以说，职务、权力、责任，三项基本要素的一致，是从事管理工作的重要原则。

4. 有必要明确的是，领导力是要求上级为下属解决问题，而不是横加干涉

管理者在行使决策权之外，除了部署任务和提出要求，还应该深入员工中间，为下属能够顺利完成任务创造必要的客观条件。管理者应该是服务者，要积极给予下属支持和鼓励，在下属面临问题的时候，给予帮助和指导。如果已经在工作中出现越权的现象，那么就要采取一定的措施来挽救这个局面。做到功过分明，应该分开讨论。

任何时代，任何位置上领导者想要带领好一个团队都应该赏罚分明。有时候一些员工对上级“越权”，那是因为执行力太过。过强的事业心和责任感，与他越权的行为相比，这种积极的精神是可嘉的。现代企业中的很多员工，大多抱着“无功无过”的中庸态度来工作，有些时候连分内的事做不好，还有什么积极的心态呢？所以，在面对积极性过强的员工的时候，应该先指出其过人之处，然后再给予一定的建议和温和的批评。既不伤害员工的积极性，又让其可以被管理者的公正体贴所感动，以更好的心态投入到接下来的工作中。

5. 具体问题具体分析，这并不是说每一种越级行为都需要否决，而是要因势利导

有时，下属的“越权”行为会带来积极的影响。管理者的思路肯定不可能面面俱到，而“越权”的下属往往能够提出新的角度，在无损大局的情况下，可以加以利用和指导，完善策略和流程，将工作做得更好。在整个过程中，要注意对下属的态度不能过于强硬，应该以引导的方式促进员工的积极性。无论“越权”的结果是好是坏，这种行为还是不值得肯定的。亡羊补牢，犹未晚矣。

当下级产生“越权”思想，这本身就是不对的，必然产生不好的影响。所以，一定要及时的根据情况作出补救，力争将可能产生的不好的影响和结果降到最低，并且教育所有员工引以为戒。

策略篇

第四章
策略一：明确发展目标，让企业战略简单化

现代管理之父彼得·杜克拉在20世纪70年代就对企业成长危机中的超能力成长提出过质疑，他曾说过："企业的成长是十分脆弱的。"假设每个企业都以相同的速度增长，在不久的将来世界资源就会被消耗一空。对于企业自身，长期处于高速增长也不是一种健康现象。在高速的成长中，很容易形成前期发展过猛，后期供给不足，管理水平不同步等情况，造成企业内部紧张，在竞争中暴露致命弱点以及隐藏的问题，综合导致企业在发展中越走越窄，一旦有任何风吹草动，后果不堪设想。

一个企业不能把经济增长作为唯一的成长目标，财力并不是实力的体现，合理的发展战略才能使企业明确发展目标。昨天怎样辉煌都代表着过去，对每个企业来说，昨天的成就都不能给你带来明天的成功，只有今天不断的努力攀爬，找到长远发展战略，才能让执行有更高的高度。

企业没有目标就如同失去了航向的船

目标是企业的目的和任务，目标的实行者也是制定者。

没有目标走向的企业，就像失去航向的船，没有方向。企业管理者也必须通过目标对下属进行管理。在没有目标方向的企业，各人做工作随意性都比较大，缺乏统一布局，企业规模小时还可以把握，当企业规模壮大，工作人数越来越多时，没有共同方向的缺陷便显现出来，矛盾冲突越来越成为企业首要解决的问题。

丰田汽车工业公司，每年生产各种汽车300多万辆，其中50%出口，年营业额高达6万多亿日元，居日本汽车制造业的榜首。在世界十大汽车公司中，丰田公司仅次于美国通用汽车公司而名列第二位。丰田公司生产的轻型小轿车，更是以质量上乘、美观耐用、上门服务而遍布全球。丰田汽车公司在自身的发展过程中，通过对日本与美国在经济发展速度上反差大的认真比较和分析，找到了日本人在生产管理上存在的致命弱点，就是生产过程中的浪费现象。从前按照传统的作业方法，装配工厂习惯于在装配需要时才送零件，这就需要公司拥有较完善的仓库设施、运送汽车部件的人员和仓库管理人员。公司生产出目前不需要的汽车部件存放在仓库里，不仅浪费了人力、物力，而且库存零件就等于占压了资金。为了改变这种浪费行为，丰田将传票卡制度应用于生产流程。应用此制度之后，使各原料工厂、零部件工厂和装配厂分工细致，而且能自我约束，从而做到了忙而不乱，井然有序，大大减少和消除了生产过程中的浪费现象。

传票卡制度合理完善后，丰田汽车公司由于按计划生产所需要的东西，不使生产的产品过多，减少了仓库的产品积压，降低了生产成本，取得了很高的经济效益。据统计，丰田公司设置的零组件仓库仅是日本第二大汽车公司的 1/5，仅这一项每年节约开支就达 40 亿日元。

丰田汽车工业公司实行的是目标管理理论。为了实现公司的总体目标，丰田公司从生产作业、营销管理、管理制度等方面加强着手，层层有目标，人人有责任，人人有动力。

归根结底，目标管理的重点在于自我控制，在以注重成果为第一的方针引导下，促使企业领导权力下放，实行科学民主政策。在为企业总体目标前进的过程中，需要首先确立企业的整体目标，然后各部门才能制定细节目标。一旦出现影响企业形象和进程的事件，目标监管是非常重要的，监管偏离企业轨道的行为，势必对企业发展有良好促进作用。

如何有效制定企业目标，总体来说有以下五种方法：

1. 逐年递增法

2. 目标分解发

3. 上限平均法

4. 平均加合法

5. 浮动目标法

图 4－1　如何有效制订企业目标

1. 逐年递增法

逐年递增法是在员工上一轮业绩的基础上，适当增加一定量来确定阶段目标的一种方法。企业要想灵活恰当运用这种方法，就需要对员工业绩提升有详细记录，并在实行下一阶段前，确定业绩递增或下降百分比，这个百分比是一个标杆，不是人为制定的。逐年递增法的优点在于百分比以递增形式呈现，会大大提高员工工作热情，使他们有上进心和进取心；缺点在于如果企业所在行业处于业绩低迷状态，员工业绩百分比呈下降趋势，就会对员工工作产生负面影响。

2. 目标分解法

目标分解法是将企业整体目标进行细致分解，然后下达各部门，让各部门自己根据整体目标，确定部门目标等逐级分解的方法。目标分解法的优点在于，企业总体目标非常清晰，使所有员工的个人目标与企业整体目标相吻合；缺点在于企业目标分解复杂，下达到各部门容易与整体目标有偏差。

3. 上限平均法

上限平均法是指，将各部门前 1/3 员工业绩平均值，作为整个部门人员的目标。此方法的优点是在高目标的促使下，可以使业绩低的员工向前进步。但它的缺点也很明显，就是不符合差异化管理标准，而且对业绩优秀的员工存在非常大的压力。

4. 平均加合法

平均加合法是指对同一部门的员工业绩的平均值，再进行改进，作为考核目标。可以看出，采用平均加合法能呈现一个部门的总体人员职业素质情况，没有将提升作为重点目标呈现，降低了对业绩差的员工的压力；缺点是不能完全挖掘优秀人员的潜力。

5. 浮动目标法

与前面 4 种方法不同，浮动目标法的特点是其业绩目标不预先透露，根据市场调节企业部门目标并不断进行浮动调节。浮动目标法可以真实反映市场行情，降低市场环境对员工的工作情绪影响，另外，浮动目标法如果用于行业竞争激烈的领域，可能会引发部门内部不团结。

综上所述，制定业绩目标的方法很多，但却没有一种完美的方法，这需要企业自己根据自身情况去选择最适合的方法，目前也有将五种方法综合起来应用的，信息收集就会更精确。

把创造顾客作为根本目标

创造顾客的目的是长远发展，一个企业把创造顾客作为根本目标，是有远见的，有其根本发展基点的。而有效地开发和利用资源，尽最大努力向顾客展示产品，加上与后期服务完美结合，这就是在创造顾客。也只有不断创造顾客，企业才能更新受众体，以积累资金长久发展。

而目前许多企业常犯低级错误，就是不知道自己的顾客是谁，没有一个市场精确定位。企业中80%的利润是由20%的顾客创造的，对于一个企业而言，企业想生产什么并不是第一位的，最重要的是顾客想要什么、需要什么？在任何时候，均须切记：顾客的认知价值决定企业的一切。

在某些情况，企业将所有精力平均分配给每个顾客，不必和每一个顾客建立一种关系。企业需要把握能为自己带来持续利润的群体，开发没有被利用的群体。

需要企业家注意的是，顾客认定的价值往往不是产品本身，而是一种满足需求的价值，换个说法就是产品或服务为顾客带来了什么。例如，卡迪拉克作为汽车中的奢侈品，“卡迪拉克汽车是同钻石和貂皮大衣在竞争”。人们购买卡迪拉克并不是将它看做单纯的交通工具，而是看做一种社会地位、身份的象征。如果顾客有某个方面的需求，但企业并没有抓到，就不会对应生产相关产品，抓住市场的机会就错失难回。

美国玩具商“孩之宝”公司，当年在中国就成功地创造了玩具“变形金刚”的顾客群。“孩之宝”公司经过周密策划，将一套“变形金刚”动画片免费赠送给中国一些大城市电视台播放。当孩子们被荧屏上的“变形金刚”形象深深吸引时，“孩之宝”公司将“变形金刚”投入市场。动画片成功地引导了消费，创造了众多的中国小顾客。“变形金刚”价格虽高，但视孩子重于一切的中国父母舍得花钱满足孩子。结果玩具“变形金刚”进入中国市场后，独占当年中国玩具业年销售额的30%。

从这一实例中不难看出，引导消费的魅力有多大。其实创造顾客的方式是多样的，生产满足顾客需求的产品是创造顾客的根本方法。例如：对于少女来说，一件衣服的价值在于其时尚的款式。衣服必须“时髦”，价格是她考虑的次要因素，而质量几乎不在她考虑的价值范围。若干年以后，少女成了一个母亲，款式就成了相对次要的条件。她可能不会买那些过时的东西，但是她首要考虑的是舒适、价格、耐用性等因素。

良好的服务是创造顾客的另一方法。在营销学中有这样一个经典故事：某位专门推销鞋的推销员，到一个海岛去推销鞋子，但他很快就失望而归，原来这个岛上的人从来都是赤足走路。当另外一位推销鞋的推销员来到海岛的时候，他留了下来，并卖掉了所有的鞋。原来他先教会本地人穿鞋，然后再把鞋卖给他们。他成功的原因在于为顾客提供了到位的服务。

赢取更多的顾客是所有企业的最终目标。那么创造顾客的方法都有哪些呢？

1. 满足社会需求，满足消费者需求

了解消费者的需求，研究消费者心理。通过研究消费者心理，预测未来市场，赶在竞争对手之前研发，并推出适合消费者心理需求的产品，方能占领市场先机。

2. 降低利润，提高服务

降低利润，提高服务，这也是创造顾客的主要方法。现代管理以顾客为中心，必要时割舍一定的利润，并将被动销售变为主动服务，由此保持自己在公众中良好的形象。这也是企业挑战竞争、战胜未来的有效方略。

3. 开发客户，引导消费者

善于引导消费，将潜在的顾客变为现实的顾客，这是创造顾客的营销技艺。山姆·沃尔顿曾说过这样一句话："我们的老板就是我们的顾客，是他们每月付给我们薪水，只有他们有权解雇上至董事长的每一个人。道理很简单，只要他们改变一下购买习惯，换到别家商店就是了。"引导消费者具体消费行为，是最难但效果最好的营销手段。

企业要生存与发展就必须将产品卖给顾客，只要企业产品能满足顾客的要求，赢得顾客的信任，那么顾客就会购买你的产品，你的企业才会有未来。

管理者：别做太多决策，做好重大决策

没有预见性的管理者不能称之为好的管理者。在任何组织和团队中，管理者必须具备预见的能力。一个管理者必须高瞻远瞩，有因势利导的能力才能让整个团队赢在起跑线上，这才是领路人的姿态。

当然，人无完人。不过，管理者可以做出错的决策，但不能不做决策。管理者可以独断专行，但不能在关键的时候犹豫不决。

身为全球最有影响力的管理大师柯林斯，被称为"适合的人"。在20年的任期内把通用电气集团带入了辉煌，被誉为"世界第一CEO"的杰

克·韦尔奇则称他们为“明星”。已故的管理大师杜拉克将他们形容为“运筹帷幄的指挥大师”。这些管理者正是专家所认为的，能够真正决定企业兴衰的人。那么，这些管理者成为“明星”的秘诀是什么呢？

那就是这些管理者拥有“决策智慧”。经过专家的研究，能够决定管理者成败的关键不仅仅是个人素质，更是他是否具备特定的认知能力。这种能力也就是所谓的“决策智慧”。

拿破仑曾说过：“做决定的能力最难获得，因此也最宝贵。”诺贝尔奖获得者罗伯特·L. 西蒙教授认为“管理就是决策”。

所以，一个管理者的执行力无疑是非常重要的，但是他们做出的决策则更加重要。因为如果没有正确的决策，再优秀的执行能力也无处可用。经济组织决策管理大师，西方决策理论学派的代表人赫伯特·亚历山大·西蒙提出：“管理就是决策，决策是管理的核心。”

谷歌“退出中国市场”的游戏，无疑是一场败仗后的溃逃。

很多人都认为，作为一家跨国企业，谷歌以“退出中国市场”为要挟，企图以企业的市场影响力号召民众，谷歌的管理层对自己面对的形势并不了解，自以为能够与中国政府的制度相抗衡，但它错了。想要进入中国内地市场，势必要遵守中国的游戏规则。这种错误的决策让谷歌一度受挫。这种结果，无论是对于创始人谢尔盖·布林和拉里·佩奇，还是CEO埃里克·施密特来说，都是无法接受的。当然，谷歌决策者从来都是一流的决策专家。这些从他们头顶的众多光环上就能看出来——美国《计算机世界》杂志将他们列在“全球50大互联网最重要人物”榜首，《探索》杂志评价其为“科学界最具影响力十大人物”第一名，哈里斯网上评估该公司为“美国十大好评公司”的第三名……他们不是笨蛋，但他们为何做出这种错误的判断？

1. 对于中国市场来说，并没有什么实际影响

谷歌所占有的市场不过百度一半，更何况我们看到本土的搜狗等搜索引擎早就做出了积极的准备来填补谷歌退出所留下的市场份额。虽然如此，但谷歌在决策上的失误，却十分值得我们思索。管理者不是万能的，尽管很多管理者做出过非常明智的决策，但不能高估或低估决策者。如果将决策者捧得太高，无疑是一种对决策者的伤害。

2. 根据实际情况分析，很多管理者在决策上的失误大都是个人因素作祟，过于盲目自大会让管理者迷失方向

有些管理者在制订决策时没有经过科学的分析，因为他们处于领导地位，所以他们做出的决策没有经过严格的程序限制，凭借灵光一现做出决定，必然有很多不足之处。正是因为这些决策大多是随性而为却歪打正着，取得了不错的效果，所以他们才能更加肆无忌惮。

3. 任何一个管理者都没有权力左右一个企业的发展，即使他是这个企业的创始人或者最高领导者

管理者在做出决策时要考虑后果，不要想当然而为之。在市场的大环境下，企业或组织做出的决策必然会带来一系列的经济后果和社会影响。不仅对外有影响，管理者的决策也必然会对其组织的成员产生影响，并且这种影响的结果也是不可估量的。

4. 因为所处地位，管理者的决策是否正确决定着企业或组织的未来

处于市场中的企业或组织往往会受到相关企业和部门的影响。母、子公司之间的联系，使企业之间存在着无法摆脱的裙带关系。总公司与分公司之间的连带责任，也让企业没有回旋的余地。长期合作的企业与客户之间，必然也存在着密切的经济关系和社会关系。这种种关系会让你在不经意的时候陷入纠葛。

5. 作为管理者，你需要在决策之前做好准备，对一些事物做出分析、判断，并且因此作出决策

尽管时间非常重要，你希望能够雷厉风行，提高效率，但是，详细周密的计划是非常必要的，不要一味地追求节省时间而让企业在发展过程中存在潜在危机，当然，太过谨慎也会错失良机。作为一个优秀的管理者，你所能做的，就是在经验中积累自己的实力，不费吹灰之力地做出正确的决策。

拒绝企业能力范围之外的成长风险

前不久跟一位做房地产生意的朋友聊天，谈到现今国内商业地产，从项目开发到出售，都像一个模子刻出来的一样。不可否认，随着城市化的加速，国民消费能力不断提升，配合国家相应的宏观调控，商业地产在市场中几度呈现供不应求的激增态势。但这样空前的发展速度，给房地产业带来的并不是繁荣，而是逐渐出现了混乱现象。商业地产的持续升温，导致众多城市在规划中出现雷同现象，商业中心、购物中心的设计也是千篇一律，导致各城市之间过度类似，城市特色不明显。随之而来的负面影响也就暴露出来，为了迎合快速发展的房地产市场，一味追求高速就使之忽略了城市自身条件及开发商的能力范围。

高纬环球中国区域的零售服务董事 James 也曾公开表示，已经发现零售项目的问题，无论在设计上还是管理上都存在不同程度的弊端，尽管今年全国消费品零售总额与以往同期相比呈现增长趋势，但是并不意味着任何城市迅速崛起的商业地产都会收获良好的市场，没有优质零售商户的入驻，会迫使缺乏经验的开发商陷入超过自身能力的管理困境。

企业提高执行能力，扩大企业规模需要勇气和执著，如何拒绝超出能力范围的成长，更需要绝对的理智和判断。

现代管理之父彼得·杜克拉在 20 世纪 70 年代就对企业成长危机中的

超能力成长提出过质疑，他曾说过："企业的成长是十分脆弱的。"假设每个企业都以相同的速度增长，在不久的将来世界资源将会被消耗一空。对于企业自身，长期处于高速增长也不是一种健康现象。在高速的成长中，很容易形成前期发展过猛，后期供给不足，管理水平不同步等情况，造成企业内部紧张，在竞争中暴露致命弱点以及隐藏的问题，综合导致企业在发展中越走越窄，一旦有任何风吹草动，后果不堪设想。

一个企业不能把经济增长作为唯一的成长目标，财力并不是实力的体现。很多时候企业需要在"健康成长"与"快速成长"之间作出取舍，停下前进的脚步对一些企业来说也未尝不是一件好事，但这样的选择无疑是痛苦的，拒绝前进需要足够的勇气和智慧。

睿智的商业项目房地产老板，在城市和品牌选择时，通常会根据自身企业的能力做初步评估，不会因为经济利益的驱使贸然承接一个决定命运的项目。

阳光新业在入驻青岛时，就选取当地没有，或者国内紧缺的特色品牌，在流动大、发展迅速的青岛市，选择经营能力强，有吸引力的品牌绝对是明智的选择。同时在青岛新业广场联合国内知名儿童体验馆，打造价值1亿元的儿童世界，该项目占地面积近7000平方米，专门为3~12岁儿童打造。项目的开发绝对是企业成长的必经之路，是否是健康的成长，就要看公司是否具备管理执行此项目的能力，如何调动资金，吸引合作商，设置有别于同类乐园的项目，都是阳光新业需要面对的问题。独一无二的儿童管理虚拟城市是他们的成长目标，相比二线、三线城市及注重速度发展，没有闲暇时间享受儿童乐园的城市，青岛作为宜居城市及旅游城市，必定会给儿童虚拟城市带来足够的消费者。

在如今竞争激烈的市场，企业想要成功就必须懂得取舍，学会拒绝超能力发展。有时候最大的牺牲也会给企业带来最大的收获，专注的一项取得成功才是最惊人的。在企业拒绝超能力成长时，面临三种选择：市场、产品还有机遇。

如何拒绝市场，对企业的考验是最大的。市场意味着商业和经济，是企业的命脉。任何一个企业都希望自己能够占领整个行业实现最终的垄断，但是比尔·盖茨只有一个，微软的垄断奇迹不会每天都上演。当行业竞争激烈，整个宏观市场不在企业把控范围内，就要忍痛割爱，放弃整个市场的占有，专攻某一群体市场。

百事可乐在面对老牌可口可乐公司时，就毅然放弃了做整体市场，掉头专攻青少年消费群体，不惜重金请明星做代言，跨足各国各地区，只为打造一个囊括青少年偶像明星的消费品牌。但百事可乐的牺牲很值得，在世界可乐市场，百事仅用青少年群体就取得了与可口可乐相同的业绩，平分秋色的背后是百事勇敢的放弃，如果面对领先自己的老品牌可口可乐，一味拼争整个市场，投入的多但回报未必尽如人意。

拒绝市场不是放弃整体经营，而是营销目标的改变，是销售管理策略的改进。通过一类市场的崛起带动整体发展，当百事可乐铺天盖地的占领柜台时，谁会拒绝一个 50 岁的消费者？市场目标过大不仅要面对更多的竞争对手，还容易造成顾此失彼，场面混乱。集中精力专攻一部分市场，让自己专属内的市场逐步成为行业领军者，这是拒绝市场的好处，也是在市场执行中的技巧。

如何拒绝产品，没有产品的企业如何赢得市场？所以我所说的拒绝产品是指系列产品。对于能力不足的企业，强迫自己完成一系列的相关产品链条，这样的产品对企业来说就是奢侈品，是企业失败的根源。企业在产品生产中一般遵循两种模式：

第一种模式，经营多样化、涉及领域宽的大型企业；

第二种模式，生产专属用品，专攻某一方面的中小型企业。

通常在产品问题中，大企业更容易出现问题。美国著名的联邦快递，曾以“次日必达”闻名一时，当时联邦快递在美国针对小件货物进行集中运送，为了实现次日必达甚至牺牲其他服务项目。“次日必达”的理念深入人心，论起快速便捷，美国人一定首选联邦快递。随着企业的发展，联邦快递开始经营国际业务，运送范围的扩大导致“次日必达”无法实现，失去这个特色的联邦快递绞尽脑汁，为了保证公司的服务质量以及满足消费者的心理需求，在国际业务中使用最为高速的空运，使其在短短的两年时间里，亏损高达11亿美元，在美国内部市场的霸主地位也逐渐被其他快递公司取而代之。

企业产品发展到一定规模，就容易出现做系列的想法。以本企业作为一个品牌象征，扩充与原产品有关联的其他领域，希望实现网大好捞鱼的目的。殊不知分散精力在不擅长的领域，研制的产品空有企业品牌力量，在市场的竞争中却很容易被质量优胜的企业超越，这样一来不仅影响品牌的认可和企业形象，竞争力不足的品牌也会给企业带来负面效应。企业想要做大做强，需要专而精，不是广而博，要懂得适时缩小自己涉足的领域，缩短企业的产品系列链条，拒绝一味地扩展。

如何拒绝机遇，要分析机遇是专属性还是专业性，面对大众化机遇，人人皆可得的利益，不要随意追求每个市场潮流，一味寻求新机遇忽视基础发展就会使企业在市场大潮中被淘汰出局。具有潜力的机遇才会带来绝对的商机，做别人没有的才会吸引消费者，做别人不能的才能赢得市场。保持企业的专业形象，在瞬息万变的市场大潮中，看准机遇做选择，不要因为一时新鲜和潮流需要就急于着手，再抢手的产品做的人多了，供过于求时也就不稀奇了。企业需要做到适时拒绝机遇，保持清醒的头脑冷静分析市场模式，不要冒超越自己能力的风险，因过度成长导致企业灭亡。

通过“末日执行”促进竞争

Sidney 被诊断为癌症，在病房里等待死亡的来临。虚弱的 Sidney 只能躺在病床上望着窗外的一棵树，转眼秋天到了，树叶在秋风中散落下来，Sidney 的状况也随着树叶落下每况愈下，一天比一天虚弱。他对身边的人说：“我的生命正随着这棵树的树叶共同掉落，树叶掉光的时候我也就死了……”Sidney 的话传到了一位画家的耳朵里，画家描画了一片一模一样的绿叶挂在了树上。无论秋风如何猛烈，树叶依旧挂在树枝上，Sidney 也随之奇迹般的活了下来。

Sidney 给自己设定了一个等待死亡的最后期限，但随着最后期限逐渐变成无尽的希望，他最终战胜病魔奇迹般的恢复过来。最后期限不是为了等待死亡，在执行时最后期限可以激发人的潜能，制定最后期限也更有利于大家投入到工作中去，提高工作热情，提高执行效率，不在没有时间标尺衡量下拖拉散漫，有执行但没效率。

当企业任务目标秘而不宣，众多参与者对具体内容都不清楚的时候，就会像无头苍蝇四处乱撞。所以执行任务必须让参与者完全明白任务目标，激发他们的工作热忱，发挥最大的工作能量。

“末日执行”是指管理者在企业面对市场竞争，实现经济效益时，营造末日紧迫感，让大家清楚自己执行时的偏差和滞怠会给企业造成末日般的影响。在强大的危机感下，迫使参与者主动提高执行能力，争取最大的利益和生存概率。

昨天怎样辉煌都代表着过去，对每个企业来说，昨天的成就都不能给你带来明天的成功，只有今天不断的努力攀爬才能有更高的高度。但所谓的“末日执行”管理模式，并不是表面的一味强调时间和效率，需要在真正的执行中辩证的实施。让“末日执行”成为一种新的生产经营理念，促进企业的良性竞争，将企业放置在全球性国际化的平台上，实现同类同行企业的横向比较，将强大的人才储备作为企业后盾，实现更加规范化、立体化的经营模式，以适应世界市场的变换。

危机意识能使员工主动追求产品质量和市场反应，在执行时积极调动自身能力，充分发挥工作职位责任，不断追求卓越，时刻准备超越自我，实现更完美的突破。当“末日执行”的理念足够强大到支配员工行动，企业的生产经营模式即将进化成为市场所需的完美程度。

末日法则管理中，多数企业在管理人员结构时采取“末位淘汰制”，随着企业的不断壮大，关系层随之复杂，管理的人员分工容易出现模糊、重复的状况。企业越大越容易存在隐形员工、无用员工，这类人隐藏在企业的各个部门，扮演着公司的某一角色，但是对企业的发展进步起不到作用，在执行过程、企业成长等过程中，这类员工所起到的作用微小到可以忽略不计，这类员工就需要“末位淘汰制”筛选出来，减少企业不必要的人员压力，同时为有能之士提供更多职位和机会。

“末位淘汰制”通常是在某一范围或某一时间内，综合评估共同协作的工作参与者，对业绩趋于末位，过往未对企业作出贡献的员工，予以降职或辞退处理。伴随末位淘汰应运而生的“末日执行”更着重于企业的发展，在末日执行中处于劣势，无法完成工作目标，执行能力居于下等的员工，此项也会成为末位淘汰的考核标准，执行能力差、效率低的员工也将面临被淘汰的境遇。

“末日执行”的好处有三点：

1. 促进竞争，增加员工动力

由于“末日执行”对能力的考验，直接影响员工业绩，随之会遭到末位淘汰的厄运，面对自身的危机，处理危机就要解决处于末位的问题，此时员工在压力下就会加倍努力，提高工作效率。

2. 最后期限的制定，对员工具有警醒和提示作用

避免员工对时间的掌握不明造成工作延误，影响公司效益。员工可以根据末日时间来合理安排自己的工作，当末日临近，工作任务多时，就会主动自觉的加快工作速度。

3. 增加员工业绩，提高企业效益

只有速度没有质量的执行是无用的，而且浪费了双方的时间，损失了公司的利益，企业对员工的业绩考核，与质量过关执行效率是相辅相成的。

“末日执行”管理模式在运用时，还要注意标准的全面化和统一化，不能在同一企业出现不同标准，这会产生以下的几种结果：

（1）“末日执行”的压力如果不能转化成动力，就会使员工对企业丧失信心，对企业缺乏安全感，工作时力不从心，消极懈怠，从而影响执行质量。

（2）当标准不统一时，管理模式就有失公平，不仅使员工抱怨委屈，也导致企业淘汰员工时出现乌龙事件，不公平的制度导致有能力者屈居末位被淘汰，而无能力者因一时幸运继续在企业当米虫。

通过“末日执行”管理企业，对公司的发展必然起到一定的促进作用，增加在市场经济中的竞争力，提高员工执行能力。为了确保“末日执行”模式给企业带来正面的推动力量，就要把握好行使标准和使用尺度，在公平公正的前提下，促使员工做好备战准备，实现高效执行。

第五章 策略二：深入浅出，让企业流程简单化

是什么影响企业流程进度缓慢，停滞不前？是什么流程在执行力上变得令管理者烦恼纠结？策划流程上到底需要什么？

要知道，完善的流程策略在于细致分化，而不在于庞杂烦琐。简单化流程使企业执行力稳步上升，促成整体合作化、流程化、整体化，达到高效执行的企业管理目标。

任何工作的困难程度与执行流程的步骤程序成平方正比。当员工完成一项任务需要3个步骤，那么这个任务的困难度就是9。同样的任务，当员工完成它的步骤提升到5步，那此任务的困难度就是25。

企业拥有规定的流程，在制定流程之后，管理者需要以身作则，才能在带领队伍方面收到良好成效。一声令下，全体人员朝着一个方向前进的力量不是谁都能拥有的，而没有跟随者的领导者只是一个外表光鲜的空壳，谁也不愿意做这样的领导者。

由此看出，做到深入浅出地简化流程，对企业执行力是多么重要。

采用具体途径变革流程

对于企业而言，要想在所处领域行业排名前列，就必须在领域中有主导产品，而此主导产品需要不断完善、简化，变革产品从制作到流通的流程。

在如今信息爆炸的社会，各行各业都处于飞速发展的状态，事物变化的速度如此之快，以至于规则之类的书籍在离开印刷机之前就可能已经过时了。这意味着在未来的 10 年里，管理者必须具有灵活性，能够大胆、积极地对各种不同情况做出反应。例如，必须对市场变化、经济环境变化、劳动力变化、财务变化等保持警觉和做出反应。如果管理者还抱着官僚主义心态，还只是翻找着公司经营手册的哪一页有合适的规定以发现该做什么，那么在未来 10 年里将会被淘汰。

简化变革流程与其说是一种技术，还不如说是一种思想状态，而要改革就需要具体途径。因此，管理者要保持一种灵活的态度面对变革，简化流程：

（1）不要一味地维持现状。不断地对做事的方式进行研究，寻找能把事情做得更好的方式。

（2）永远不要把公司规定作为借口来解释为什么没有做某件显然是对公司最有利的事。如果有一种更好的办法，但是规章阻碍了它，那么就要力争改变规章。

（3）当新的想法被提出的时候，要从它们可能产生的最终结果的角度考虑，而不是它们将会遇到的障碍。如果最终结果是我们所希望的，那么就能够克服这些障碍。

（4）就如何能更有效地履行各自的工作职责，向部门中的每位员工征求意见，询问他们有哪些障碍影响了他们的工作进度，每90天就要问他们一次上述问题。

（5）喜欢做试验。在试验某些新生事物之前，没有必要先有确定的结果。

（6）不要忽视小革新的价值。一种存放复印纸张的好办法，也许可以清理出宝贵的办公空间。

如今企业面临和遇到的各项挑战与以往完全不同，世界经济全球化给企业带来了机遇，也带来了更大风险，并迫使管理者不仅要提高竞争能力和获得成功实施改革，为了企业生存也必须实行重大调整。知识经济广泛和强有力的影响以及激烈的市场竞争，也在一定程度上逼迫企业自身进行调整与变革，以实现“以变求生”的目的。

在采用具体途径简化变革流程中，管理者如何进行自我调整和适应，以便成功有效地领导这场变革成为管理者突出重视的问题：

1. 允许危机出现

管理者应允许企业出现危机，例如出现财政收支不平衡、竞争力下降等。危机有时不可避免，出现后要调动员工积极解决，只有存在危机，员工才会时时警惕业务细节，避免同类事故发生。

2. 制订较高目标

制订企业生产等目标时，需要将目标按照总体实力提升一个层次，把收益、生产、研发产品的目标都提高，促使员工有在能力范围内的优势压力，在生产中才会注意各项工作细节，达到预期目标。

3. 将必要资料公开化

员工了解更多企业管理资料，才会对工作有整体把握。比如企业财务状况，顾客对产品满意度等信息需要及时反馈给员工，让他们弥补不足之处，完善工作流程及结果。

4. 积极交换意见

制订周期计划，让员工亲自与对企业服务或产品满意度低的客户沟通交流，积极交换各自意见，达成意见一致，促进企业发展。

5. 聘请外援

企业每个阶段都需要聘请外援对各部分管理者进行相关培训，如时间管理培训，执行力的培训及企业文化目标培训等。这能有力地促进企业管理者僵化的思维活跃起来，思维活跃行动便积极。

6. 公开讨论企业发展

无论在企业内部刊物上，还是上层领导交流，直至基层员工探讨，都需要开诚布公地提出问题，解决问题，汲取更多人的意见，对企业发展方向及手段有明确目标。

7. 快速抓住机遇

持续不断地向企业员工灌输紧抓机遇的思想。机遇不是任何时候都存在，只有在恰当的时刻抓住机遇才是抓住未来发展的程度，而某些企业还不具备紧抓机遇的内部和外在条件，错失良机。

许多管理者不愿意用具体途径变革流程，觉得太过冒险，而在管理流程多余复杂的情况下，企业人员执行程序冗长，对企业生产效率是非常大的阻碍。当管理者及时认识到变革流程的重要性时，就会主动采取行动，以正确引导方式管理企业，以求获得最大收益。

不排除强强联手的方案

自然界中有食物链，大吃小再正常不过，在如今的企业竞争中也存在着这种关系，那就是企业兼并，与生物链大吃小不同的是，企业兼并不光是吞并，在某种方面更是为强势企业扩大规模，为小型企业注入强心剂的“强强联合”。

2011年5月，美国快餐巨头——肯德基的“东家”百胜餐饮集团和国内小肥羊集团有限公司联合宣布强强联合。这是近年来中国餐饮业一次重大新闻，标志着小肥羊摇身一变成了洋品牌。其实，百胜集团收购小肥羊，进军火锅市场，既有利于百胜产品多元化，又有助于小肥羊火锅系列的未来发展，促进中西式餐饮的结合和结构升级。

在经济发达国家，兼并是一种资源产业优化的发展战略，在优胜劣汰、互惠互利的经济环境中，越是激烈的竞争环境，越能促发企业自我更新，自我壮大的深层需求，只有不断增强本企业技术、经济实力，才能做到稳固根基。如果企业想扩展领域，壮大实力，无外乎两种方法，一是建立新企业，二是兼并其他公司。相比来看，后者比前者容易实现，建立新企业需要场地，施工，需要人员调配，需要技术支持。而兼并只需要将兼并的公司重新整合，便可运行。实际上，一个企业就是一台逐渐发展的机器，要想发展壮大，就必须“添砖加瓦”，而选择什么样的材料，什么零件适合自己，就需要企业自己探寻，归纳，向资源高配置方向前进。

在兼并与被兼并之间，企业主至今有着观念上的差异，认为兼并者是荣耀的，被兼并者是耻辱的，这种观念是极其错误的。有些企业资金运转不灵，管理方式不符合企业运营标准，有时抓管理，有时抓销售，没有重点，没有核心，致使产品不能对应市场需求，库存积压，资金链断裂，面临破产。在这时如果一个优质企业兼并此公司，那么不但不是公司的毁灭，还是公司起死回生的转机。有些公司企业管理者见各大企业均扩大规模，便也起了兼并他人的心思，得陇望蜀，不顾企业能力大小，贸然兼并效益差的公司，最后导致本公司运营不畅，加重公司负担，最后在市场经济下必然被吞噬。

企业经营是否得当，主要看企业经营管理是否运筹帷幄，在经济调整的前提下，使企业以最恰当的姿态面临各方面的挑战。在决策时果断敏感，兼并或被兼并都是一种企业战略上的转变。在市场竞争这场战争中，利润率高、规模庞大、运营稳当的企业是市场的主力军，它们主宰着行业走向，而那些资金薄弱、严重亏损的企业，必定要想好出路，或生或亡。

面对强强联合，很多企业管理者没有做好心理准备，表现得无所适从，寻其根源主要有以下方面：

1. 理念误差导致行为错误

目前仍然有很多企业家认为被其他公司兼并是有失面子的事。在企业面临破产的困境下，为了坚持面子，只能坐以待毙。其实兼并并不是完全吞并，而是为发展不良的企业注入新鲜血液，帮助企业重新走上正轨。大公司帮助小公司开发产品，整顿内部人员，是一剂强心剂，不是安乐死。

如果坚持错误理念，坚持错误行为，不但不能使企业起死回生，更阻碍了市场经济的整合优化。

2. 条条框框过多

国家对私有企业发展条例过多，使各家企业处在与世隔绝的环境下各自运营，在信息闭塞，互不沟通的情况下，即使两家企业有强强联合的意愿，由于条例地方限制，兼并工作也很难进展实施。在闭塞的企业关系之间，同行业都不能联合壮大，更何况跨行业企业，就更无从谈起联合强大的目标。

3. 缺乏竞争观念

市场中无处不存在竞争，竞争是市场经济发展的前提。而国内企业竞争观念落后，毫无危机意识和紧迫感。当有机会摆在面前也是踌躇不前，瞻前顾后，坐看机会溜走。竞争太激烈害怕竞争，以弱者姿态求助国家地方帮助，靠国家吃饭，这种不以市场竞争为淘汰机制的企业，大大妨碍了企业兼并优化的步伐。

4. 企业目光短浅

企业兼并从开始到结束是一项非常复杂的过程，兼并者需要付出强大的人力、财力、技术等才能将被兼并企业搞活。这种高投入让许多企业家迎难而退，他们没能看到兼并后自身企业的发展壮大，只看到短时间对自身利益带来的损失。这种局限性思维意识和眼光，很难在将来市场中立足。

5. 法制观念落后

虽然在我国强强联合，企业兼并才发展不久，但这种企业事态已经十分活跃。在国家优惠政策下，法律法规还不完善下，许多企业家投机取巧，私自更改法人代表，改变企业性质，试图获取暴利，严重影响了正规兼并企业的利益和平等产权交易的良好发展。

优胜劣汰、强强联合是企业发展壮大的必要途径，是弱势企业起死回生的机遇。但企业联合之后是否真的能产生强大效果，还是要看具体企业规章运营状况。强强联合不是万金油，还需要根据自身情况慎重选择。

渐进式创新，流程要随企业的步伐改变

所谓渐进式创新，就是促使企业局部更新改良、创新，由量变达到质变，促成根本性创新。实行渐进式创新，要求企业流程根据创新步伐而改变，以创新节奏为依托，走可持续发展道路。企业核心原动力是技术，而有技术的地方就有更新换代，技术革新就是渐进式创新的一角，针对企业产品进行改良，与受众终端需求吻合，达到产品与销售的对接。

管理者要学会审时度势，对企业的发展战略不断调整、选择并予以实施，管理体系才能不断地完善，创新能力才会逐步形成并不断升级。

学员 Barden 创建了一家以技术服务为核心的电子公司。2011 年公司研制出符合大众手机的开发性功能软件，走出一条目标鲜明的消费者终端的产业链。在软件中，客户既能下载各种游戏软件，又能上传自制游戏，两方面互动让 Barden 的公司走上正轨。Barden 向我透露，如果不是以小创新带动大企业的信念，公司不会顺利地走到今天，在创新的道路上，公司最初制定的流程制度几乎全部打破。例如，开始公司规定 8 点上班，而由于公司开发团队在研发新产品时夜以继日地工作，其中几个因为过度疲劳一度晕倒，Barden 便将上班时间推迟了一小时，以便工作人员能有多一些休息时间。

如今，Barden 的公司提出“打破创新瓶颈，更新企业流程”的口号，在业内已经颇有成就。

从 Barden 的事例中不难看出，公司的成长历程是艰难的，但在渐进式创新基础上，找到了可以走出去的路。创新是根据国内客户体验总结、实践出的结果，对市场潜力领域进行改良再创造，真正看到客户的需求。

因为客户便是企业存活的根本。

现在大多数企业还不能深刻了解市场机制调节的规律，高瞻远瞩的管理型人才稀缺，与此同时，企业创新意识薄弱仍是发展的短板。值得欣慰的是，一些有远见的企业正在着手创新措施，进行渐进性创新的企业已经比前几年翻番上升，这说明管理者意识提高后已经将想象变成行动，开始拓宽创新步伐。

一个完整的创新过程，大致可以划分为三个阶段，即发现问题，确立目标；选择突破口，进行规划；创新实践。

管理者首先要发现产品存在的问题，找出其对销售影响的关键点，进而对产品进行改善，并设立改善所达到的目标，与员工共同弥补缺憾。发现问题是管理创新的前提，只有发现事物与期望不符，找到差距，才有下

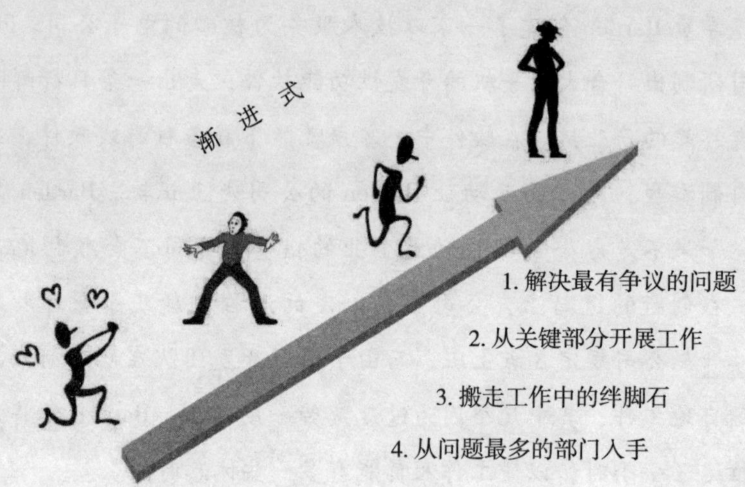

图 5－1　渐进式创新实践

一步改善行动，不然创新便无从谈起。在发现问题后，就要解决问题，选择最恰当的薄弱口便是中间重要环节，突破口选择恰当会使创新事半功倍。到创新实践阶段，是整个创新过程最关键的收口阶段，根据众多管理者经验综合，总结出创新实践可以从以下几个方面入手：

1. 解决最有争议的问题

任何一件事情的变化和发展都可能受到员工的极大关注，作为企业领导人，关注最有争议的问题，进而解决问题是关键。在解决争议问题时要注意把握全局观念，将企业利益和员工利益相结合，做到平衡统筹，尽量让大家都满意而归。如果因为创新而损害了某些人的利益，那么企业的团结凝聚力就会大大降低，最后得不偿失。

2. 从关键部分开展工作

繁杂的工作会使员工一筹莫展，影响执行力的高效实施。想要迅速解决这个问题，就需要从关键部分开展工作。创新工作进程缓慢，但却是不容忽视的部分，管理者需要时时提示监督下属，冷静分析工作组成，找出决定工作关键性的矛盾主要方面，区分重要事务和次要事务，抓住关键开展工作，实现创新革新的目的。

3. 搬走工作中的绊脚石

所谓工作中的绊脚石，就是工作中的工作中心。它在工作中起着为工作定性的作用，决定着工作性质、发展方向、最终成果等。想创新，就要在工作重点上创新，搬走阻碍创新的绊脚石，是为企业创新提供一条顺畅通道，是创新得以顺利进行的客观条件。

4. 从问题最多的部门入手

一个企业如果各部门发展不平衡，就不能快速发展。相对落后的部门势必会拖慢整个企业前进的步伐。改革能力最弱、问题最多的部门的各方面，在创新手段上可以大力度、全局化，彻底改善落后部门的现实问题。这是抓典型讲效率的需要，是统筹全局的要求。

渐进式创新是每个企业可以尝试，必须尝试的道路，在创新需求面前，流程制度需要完善，跟着企业前进步伐完善。找到创新突破口，各个击破，提高企业职工工作效率，以执行力为中心，创新为辅助，严抓产品质量关，为企业发展奠定最佳基础。

在渐进式创新过程实践中，需要不断完善，渐进不是一次性的，在对原有蓝图修正的基础上，完成创新目标，这需要全公司上下的齐心协力，需要管理者高瞻远瞩的长远眼光，两者缺一不可。

突破困难时期的执行“瓶颈”

在一次企业管理者培训课上，我从包里拿出一个瓶子和一只吹得鼓鼓的气球。讲台下面的人都用疑问的目光盯着我，想看看我又出什么新招。

"今天的课程非常简单。谁能把这个气球放到这个瓶子里？当然在不把气球弄爆的情况下。"管理者们面面相觑，一个自信干练的女主管举手示意，走向讲台前。

她拿着气球，小心翼翼的捏住它，试图改变气球的形状，"这样也进不去。"女主管摇摇头，一脸无奈地表示尝试失败。"开动脑筋，谁上来再试试？"我鼓动大家上来尝试，但下面却鸦雀无声。

"好吧，就让我尝试一下吧。"我拿起气球，轻松地解开系在气球口的绳子，只听"噗"的一声后，气球由大变小，我又轻松地把变小的气球放入瓶子里。"默不做声地看着台下的学员，他们恍然大悟地摇头。

我转过身，在写字板上写上大大的"变"字。"当你走投无路时，不知变通的人必然要倒下。现在你们知道，思维的变通有多么重要。"大家在下面窃窃私语。"现在还有一个问题"，我指着桌子上一个大玻璃瓶和一个小玻璃瓶，"谁能把小玻璃瓶放入大玻璃瓶中？"

这只小玻璃瓶虽然小，但装进大玻璃瓶明显是不可能的。课堂最具冒险意识的Harry大步上前，拿起小瓶子摔在地上，将碎片拾起装入大瓶中。看到我满意的微笑，Harry知道自己的做法是正确的。"我想大家都不意外，这个问题很简单，而我想告诉大家的是就像这个玻璃瓶一样，只有彻底改变现状才能得到重生。"

显然，管理者们对这场别开生面的课程十分满意，他们微笑地听着。"彻底改变需要非常大的勇气，因为一旦开始就不能恢复，所以，在实施之前，你们要清楚地问问自己，是否会后悔打破。"

总之，在企业遭遇困境，处于执行力瓶颈时期时，必须懂得变通。有阻碍就代表之前的措施在某方面不符合现实，具有不完善或根本性错误的存在，要想找到出路就要变通。上面的游戏也证明了，要想在瓶颈期获得重生，管理者就要有所取舍，选择适合的变通方式，既要有"变"又要有

“破”。同时在企业正常运行中也要有危机意识，明白有些资源不是源源不断的，在将来的某一天会消失，及时转变经营方向，提前做好万全准备，开发新资源，掌握领先技术，只有这样才能保持企业活力不变，在遭遇企业执行瓶颈时，顺利渡过危机难关。

事实上，中国很多企业发展到一定阶段，都会遭遇执行力瓶颈的问题，全面升级，以提高竞争力为前提，推动企业进程的需要。

1. 勇敢创新，选拔人才

企业建立之初，管理者处于经验积累阶段，要表现出求才若渴的态度，积极听取各方面的意见。而在企业逐渐壮大，走向正规、稳定阶段，在遭遇了挫败和教训后，管理者便从开放式领导转为保守式。以企业现有固定模式为终极模式，招收员工仅为了各岗各职的需要，没有最初的热情和开创精神。要改变此类现状，就要求管理者维持延续开放式举措，勇于创新，积极吸收优质人才，因材施教，不能故步自封。

2. 重视品牌力量

企业赢利在销售，销售人员除了能力强，了解企业产品，更重要的内化源头是产品品牌力量。目前各行业都趋于饱和，消费者认的就是品牌，品牌象征品质、质量，象征企业能力。而在重视品牌力量的同时，还要注意品牌的差异化，以独特视角需求打造品牌，将同类产品差异化加大，是塑造品牌的重点。

3. 提高产品竞争力

产品力体现企业终端竞争力。当某一种产品发展到一定阶段，就会出现竞争力下降的事态，所以传统的“开发一代，受益终身”的观念在如今已经不能立足。提高产品竞争力变得尤为重要。像康师傅公司在饮品上就在持续创新，以新品占领市场，不断优化产品竞争优势，不断更新。

4. 提升企业人员素质

企业人员素质关系着企业运转是否顺利，高素质人员在执行力上也相对偏高。提升人员素质是突破执行力瓶颈的人员因素，也是企业发展的能动力量。归根结底，企业是由人组成的，工作是由人员做的，这必然关联着执行力高低的问题。在遭遇瓶颈时，日常储备的高执行力人员将会使工作事半功倍。

5. 执行力需要管理严格

由于中国人情社会的影响，很多企业都实行家族化、亲情化、简单化，这给执行力的提高带来不小阻碍。高执行力需要管理高效严格，而过分的情感堵塞了执行的道路，要改变人情管理，就需要明确的企业规章制度约束，有制度无人情，才能在制度的奠基下，将执行力提高上来。

6. 细致营销，重在深入

营销成为很多企业的发展执行瓶颈，出现这一问题是因为企业营销理念模糊，营销方式不够深入，过于粗略。现在是消费者市场，只有紧抓消费者眼球的营销才是好营销，只有发觉消费者需求的营销才是有的放矢。细致挖掘、检讨自身、开拓需求是所有在执行瓶颈的企业需要走的三步，缺一不可。

以创新、合理变通作为抵御执行力瓶颈的工具，细致剖析企业特点，制定符合自身的改革措施，将执行力低下扼杀在摇篮里。

不可忽视的流程：永远保持学习力

企业发展绝不可忽视学习力的投入，学习是保持企业发展、革新、融合的灵魂，在目前高度信息集中化的经济环境下，学习型企业仍然是领军企业的方向标。永远保持学习力是管理者需具备的基本理念，是企业竞争的根本，是产品革新不可忽视的流程。

学员之一 Ken 前不久刚从美国硅谷考察回来，通过心得交流，我发现硅谷之所以被称为高新科技产业园区的鼻祖，是因为学习创新长久以来一直被当地人定位为首要。就拿当地一家名不见经传的计算机公司来说，规模不大，没有国内恢弘的科技大楼，没有数以千计的服务工作人员，但在与此公司经理 Ken 交谈后得知，公司坐岗上班的只有不到 50 人，其中 80% 的人都是研究型人员，教授、博士、金融家占首位。

看起来拥有如此强大人才规模的公司，Ken 还要组织每月的行业信息交流会议，Ken 说，硅谷是个走在世界尖端的领域，这里人才济济，拥有最知识密集的研究院和大学，各家公司的科技人员经常会聚集到一起切磋技艺，交流想法，为的就是让不同思维间碰撞出新火花，每次交流会都是一次机遇，更是公司更新思想，学习进步的重要途径。

与 Ken 的对话记忆犹新，当代社会科技日新月异，知识爆炸性的特点，让知识更新速度翻番。一次性学习，终身受益的时代已完结，这一考验也暴露出许多企业的致命弱点，信息更新跟不上步伐，技术设施陈旧，在新经济的大趋势下，不思进取的传统行业正在被无情的“洗牌”，不得不眼睁睁看着企业像侏罗纪恐龙一样从称霸走向毁灭。学习是企业生命力的象征，顺应时代需求就必须时刻在学习中成长，意识不到学习重要性的企业，注定会被时代淘汰。

21 世纪成功的企业是学习型企业，这一现实不仅会让全体员工将学习作为工作重要部分，还会将企业生命力、竞争力、活跃力，直至整体业绩提高到前所未有的高度。

由 20 世纪金字塔形的高集中产业化逐步向扁平化转变，同行业的竞争更激烈，垄断型企业将逐步退出历史舞台。要在如此白热化中占有一席之地，管理者必须要有灵活性，从思维线性化转变为多维化，组织工作人员进修学习，在进步中体会工作给个人带来的价值体现，这同样会反作用于工作投入中。而多维化的基础更离不开自我超越，完善个人的需要。事实证明，企业一旦行进思维有了全新正确性转变，整个企业营销模式、思维线路、精神面貌等都会在原基础上有质的飞跃。这要求企业以最短最快的速度，整合内外信息知识，为己所用；管理者提高个人自身能力，做一个优秀的领头人；组织完善团队学习计划，从个人完善提高，迈向总体水平上升；内部准备妥善，将积蓄能量转化为产量，以符合市场需要为基点开展生产流程。

在企业具有领头羊地位的管理者，保持学习进步对整个企业有重要意义，因此，管理者在保持学习心时要注意五项原则：

1. 将学习看做战略化抉择

这是管理者学习的首要原则。这时的学习不再是上学时单纯的学习，而是事关企业经营成败的关键，所以说要将它看做战略问题。

很多管理者意识到学习的重要，但实施起来却成为口号性行动，既不能调动起员工学习的积极性，又给员工灌输了纸上谈兵的错误思想，这对企业百害而无一利。对于一家规模庞大的企业来说，上下齐心进步并非易事，因此管理者就必须各个击破，以整体战略眼光长期贯彻学习理念。

2. 障碍必须克服

以市场为导向是企业的方向，而在经营市场业绩，拿到销售成绩是每个企业都想要的结果。将大量精力投入在市场上，必然会影响员工进步学习，毕竟每个人只有 24 个小时，不能兼顾两个事情。如何克服此类现实问题？答案便是多想多思考。在学习型企业中，随时随地都是进步，而进步的前提就是多思考，在市场营销工作中，有成功就有失败，在成功时不要被喜悦冲昏头脑，想一想为什么这次成功了；在失败时也不要心灰意懒，多想想为什么失败。

销售业绩重要，结果重要，但思考业绩和结果的根源更重要。

3. 有决心，更要有方法

很少有管理者意识到学习是一种管理方法，当管理成为一种控制员工的手段时，管理者很难将学习看成管理方法。当管理者下定决心要把企业搞好搞活时，方法不对也会导致功亏一篑。

要想走平路，就要学习正确科学的管理方法，一个拥有知识的管理者更能得到下属信任，信任感增加，管理才能畅通无阻。

4. 建立学习氛围

如果一个人习惯问为什么，那么就说明这个人具有学习思维。建立学习思维不在一时一刻，而是长久累积下的成果。当一个团队有学习氛围，就会加速其他人的思考学习进步，要促使员工多思考，多问几个为什么，“为什么工作目标没有达到?”“为什么和同事相处不融洽?”当所有人都在问自己为什么的时候，学习氛围就建立起来了。

5. 给员工现实的愿景

方法正确，时刻进步，学习就能带来成功，但这个成功很有可能是短期的成功，期望获得大成功，就要持续学习投入。有时员工的目光并不能看得长远，大成功对他们来说并不可及，所以管理者就要发挥领导力量，给员工能在一定时期内实现的美好愿景。

当通过个人努力学习，这个愿景得以实现，员工就会体会到个人存在感和价值感，这种积极情绪会反作用于企业，实现良性循环。

制订流程后：以身作则让他人追随

企业拥有规定的流程，在制订流程之后，管理者需要以身作则，才能在带领队伍方面收到良好成效。一声令下，全体人员朝着一个方向前进的力量不是谁都能拥有的，而没有跟随者的领导者的确悲哀，它只是一个外表光鲜的空壳，谁也不愿意做这样的领导者。追随者是水，领导者是舟，是追随者成就了领导者，领导者的一举一动都是员工眼中的焦点，是员工效仿、处事的标杆。因此领导者的个人修养，是否遵守制订流程在员工看来，对企业来说都是非常重要的企业执行力影响。

之前我在休假阶段看了联想企业发展资料，联想在柳传志带领下逐渐发展壮大，成为无人不晓的中国电子品牌。究竟柳传志有何等人格魅力，使联想在团结中稳步发展成如今上百个亿的企业？据我所知，联想在发展过程中，有着这样的流程规定：

有二十人以上开会，与会人员迟到需罚站一分钟。这一分钟不是站站就过去，而是非常严肃，具有精神压力的一分钟。第一个被此流程惩罚的是柳传志的老上司，但规则下人人平等，柳传志向老上司说明："今天你在这站一分钟，下班我去你家也站一分钟。"在老上司站立的一分钟中，不仅老上司紧张得不得了，柳传志也紧张得浑身冒汗。

这个规定柳传志违反过三次，一次他被困在电梯里出不来，致使其他工作人员想请假都找不到人，也同样被处罚。

遵守规定，以身作则是令员工追随最基本的要求。在做培训这么多年中，凡是规则我必定认真遵守，为的就是做一个有人格，能够令他人信服的人。像柳传志这样的领帅，成就联想今日的地位也是有迹可循的，那就是以身作则，自觉遵守规则流程。

那么管理者如何才能做到以身作则？

1. 严格的自我管理

能管理自己的人才能领导他人，能使自己独立思考，不违反纪律的领导才能以德服人，成为企业上下员工的表率。

2. 确定一个方向

能长期坚守一个目标，一个方向不变的人是有强大凝聚力的。员工都愿意跟随意志坚定、坚强不屈的精神领袖，只要有正确方向，就能看到光明，企业领导必须有一个前进的方向。

3. 提升个人竞争力

没有个人能力的人很难说服他人跟随，管理者需要有一项或多项可与他人竞争的能力，也只有个人能力提升，才能带领全体人员个人竞争力的提升。

4. 讲诚信，重信用

一切商业都以诚信为本，领导者也一样，领导者就像一个豪华商品，即使豪华也要有定价，“虚高销售”毫无诚信，也绝不会有人购买。

作为管理者必须有自律精神，将个人德行作为员工依赖信任的基础。成熟的管理者知道，对自我要求的高度要远远高于他人，因为是领军人物，所以要求更高。高要求需要高度自律性，不然就不能以德服人，无法取得员工的敬佩和信任。管理者要适时地站在客观角度想问题，经常问问自己，这件事放到他人身上合理吗？

这种同理心能紧紧将手下的心抓牢。时刻只看到自己，以个人感觉为做事出发点的人，绝不是优秀的管理者。

对自己要求的能力和方法不能一蹴而就，就像我自己，从最开始自我要求比较松散，到现在严格要求，是需要一段时间累积，慢慢进步的。达到这个要求，需要强大的决心和毅力，需要在探索与实践中思考，你的行动进步完全尽收员工眼底，只要有一点进步，抓住员工心的力度就加强一分。他们会在心里默默忖度，“他好像值得信赖”“他能力很强”“他能带领我致富，过上稳定生活”。只要员工有此类想法，你的努力就没有白费，离成功就更进一步。

令人遗憾的是，很多管理者很难做到对自我要求严格，按照规则流程办事，他们总是认为自己是领导，就有某些特权，可以迟到，可以早退，可以在上班时间抽烟，可以穿着泥泞的皮鞋进办公室。也许作为一个管理者做这些没人会提出异议，但长久来说，影响个人形象，影响个人信誉。

更令员工反感的管理者，不但不检讨自己专业素质缺憾，还把错误完全归结于员工。在培训中，一个公司研发部经理就曾向我抱怨，说手下员工办事不力，每天因为开发新产品的事情发火。新产品研发就不需要管理者参与吗？既然是管理者，是一个部门的头，作为灵魂人物就应该在关键时刻挺身而出，给出有建设性的建议，而不是一味怒骂，让员工对自己有意见。

要想使员工自主服从领导者，不外乎领导者地位高、权势大，不服从将受到惩罚；另外一个就是领导者具有领导者的个人素质，在眼光、经验等能力上得到工作人员由衷信服。这两点缺一不可，而后者相比前者地位更重要。所以，领导者需要不断更新自己，反省自己，对自己高要求，表现出良好的个人品质和崇高的人格魅力，遵守已制订的规章流程，在员工心中树立良好形象，以德服人，以力御人。

管理者在遵守制订流程后，管理执行力就要带头执行加速，全身心地投入到工作中去，这种领导能力是不可替代的，毕竟一个企业，一个部门的管理者只有一个，应该发挥其应有的能力和力量。

第六章
策略三：各尽其职，让双方协作简单化

为什么企业内部沟通不佳，导致部门隔断?

为什么看似光鲜的企业，却存在这样那样的协作问题?

为什么员工大多对企业满意度低?

在企业高效执行中，协作变得困难重重，只因为没有看到各尽其职对人员管理的重要性。最好的企业执行像是指挥交响乐，有指挥家有乐手。一个指挥家可以统率250个乐手，这是领导能力，是策略化统领。

通过调查研究，发现对于企业而言，能做到各尽其职，就是最有效协作工作的战略，并能使各部门协作顺利通畅。

对员工“一视同仁”是不公平的，行业要求任何管理者在企业中都要对不同员工细致了解，实行差异化管理，这样才能使员工能力得到改善，给企业带来实效。

归结为一句话：协作越简单，执行越有效。

执行给力的企业都是枯燥乏味的

执行给力的企业都是枯燥乏味的，没有太多激动人心的事发生。企业管理是有一套科学理论依据的学科，管理要求分工明确，工作需要向业绩负责。没有业绩成果的企业不算是成功的企业，而具有高业绩的企业一定拥有高执行力，工作人员都各负其责，没有丝毫怠慢懒惰。再高的大楼也是由一砖一瓦建成的，这建筑中的重复累积没有乐趣可言，这如同高效执行的企业，同样在重复单一的工作。

那些励志，打动人心的故事往往是由缺陷美烘托的，在企业中，管理执行力到位，并不需要励志，只需要一点一滴积累，需要严格执行。有些企业以激动人心的奖励大会，抽奖大会作为激励员工努力工作的噱头，反而会有负面影响。毕竟表彰只是对少数人的表彰，奖励也是对少数人的奖励，剩下大部分人会有失望，甚至有不公的负面心理。这对企业团结，对今后本职工作有很大影响。

没有波折就没有骚动，一个曾是包工头，现在是某房地产公司安全部经理的盛名告诉我他的一段经历。

2006年4月的一天，那时的盛名还是一个普通打工者，在某工地上班。像往常一样佩戴好安全带，小心谨慎地爬上了架子二层台，系好安全带后开始紧张作业。突然听到“啊呀”一声。原来，当钻具开启的时候，盛名一不小心踩空了，幸运的是，安全带把他倒挂在架子的横梁上，非常危险。同事马上报告给施工领导。闻此消息后，施工领导立即组织人员爬上架台，采用多种手段和措施才终于化险为夷，将盛名安全解救下来。

现在，作为房地产安全经理，盛名对安全工作要求极其严格，态度极端认真。每当有同事马虎大意，或对安全事项掉以轻心，认为没什么大不了时，盛名就会告诉他：当年就是一根看似无用的安全带救了自己的性命，如果当时不系牢安全带，他就不能站在这里和大家说话了。

盛名的危险经历告诉人们，加强安全管理，提高员工的自我保护意识和自我防范意识极其重要。杜拉克认为，“没有安全就没有效益，没有效益就没有稳定”。管理妥善的企业的前提是员工严格按照制度规章去实行，只有这样才不会因为对危险麻痹大意造成不可挽回的事故。

虽然规章制度让人感觉死板，束缚人们行为，所有人都想要自由，而自由却是需要前提的，那就是在一定范围内的自由。在国家，需要遵纪守法才能有自由，在企业也要遵守制度才能有自由。一个没有制度，随意行事的企业，必定是个执行力低下的企业，企业管理者也是不合格，不能做首领的管理者。在具有高效执行力的企业，很少有员工无所事事，他们的工作虽然几乎一成不变，但不变的只是已经在经验中经受得住推敲的规则，比如流水线上的工人做工，任何人都认为这是枯燥乏味的工作，每时每刻都在做同样的事情，毫无创新，没有激情。为什么要流水线施工？就是因为流水线在多年企业实践中得出是最具高效率的施工方法，人员投入少，产出高，得出利润也高。企业追求的是利益，不以利益为基本点的企业做不长，所以枯燥乏味是高效执行力的外在体现，看事物应看本质，枯燥工作的本质以高效率为依托，是最符合企业运转的形式之一。

那么，如何让员工遵守规则，保持高执行力呢？

1. 惩戒具有实效性

在员工违反规则时需要尽量缩短违反规则与惩戒的时间段，因为及时惩戒和过后惩戒所产生的效果截然不同。及时惩戒能让员工瞬间意识到个人错误行为，在心理上有震慑作用，可以有效避免同类错误产生；过后惩戒，因为时间过去较长，员工很可能会为自己辩护，就算认错也可能心有不甘，对今后同类错误的规避效应程度降低。

2. 惩戒须有一致性

对员工要求公平、平等，一视同仁，不能有特例。不具有一致性的规则没有约束力，不能使员工信服，长期以往规则就变成空谈，执行力也会下降。需注意的是，惩戒时在坚持公平公正原则下，还需具体问题具体分析，针对不同事件的原因结果，有理有据给出最合理恰当的解决方案。

3. 惩戒对事不对人

员工触犯规则需要惩戒，但惩戒是因为一种行为的过失，按照制度上规定解决方案惩罚，不能讲员工之前犯的错误或以人品、家庭等考量解决方案。做事对事不对人是保持管理者正面形象的做法，也只有这样，在同一条件下，公平公正对待，解决一次放下一次，才能使公司员工了解规则的内涵。

4. 惩戒需要有理由

在实施惩戒之前，需要向员工表明惩戒的理由，并给予员工充分陈述事实的时间。在综合考量后，告知员工触犯了公司规章哪条，将受到怎样的处理。值得注意的是，很多时候发生的事件并不像制度上那样简单，一件事发生可能会有各方面隐情，管理者需要充分了解事实真相，做出合理裁定。这样才能不给员工心里留下抱怨，影响以后工作进程。

管理得好的企业不需要表面上轰轰烈烈，而是要扎扎实实建立避免发生突发事件的机制。企业管理是一种平稳前进的工作，可以这样比喻管理，它就像一条细小而不枯竭的河流，虽不汹涌澎湃，但却源远流长，为企业带来更多实质上的收益。

给合适的人一件适合的事

给合适的人一件适合的事，这个具有战略性的方法适用于任何行业。企业的发展策略很重要，但再完美的策略也需要人来实行，公关策略、技术策略、优化策略……每个人都有自己熟知的领域，擅长的技能，只有将一件事让擅长它的人去做，才会产生意想不到的化学作用，让大家看到奇迹。没有适合的人，再好的策略也没有价值。

所以，我们在做事情的时候，首先要想到的就是人的问题。给合适的人一件适合的事，这才是管理的最高境界。但在大多数情况下，一件看似完美的策划之所以没有成功，往往是因为没有用对人。

把人作为高效执行的主体，是成功管理者必须坚定的管理理念。

去年我到上海出差，经朋友介绍认识了一位外国朋友 Jason。Jason是美国一家床上用品上市公司的 CEO，据朋友说，很多家猎头公司都在挖 Jason，因为他在管理公司人员上很有一套，“有了他，公司就有了激情”。对朋友的称赞我不置可否。而当与 Jason 打高尔夫球时，当面交流后，我知道朋友没有夸大其词，他确实有这个能力。

“我对公司人员的安排中有 50% 都是在看人。作为一个统筹的管理者，我的任务就是要找到最适合的经理人员并激发他们的工作热情。激发优秀人才的想法，并放大这点，之后以最快的速度将这些想法扩散到公司各处。”

这位在朋友眼中极富魅力的男人，实际上一直坚持自我毫不动摇。Jason 有自己的梦想：“10 年以内，当你在杂志上看到我们公司的时候，它已因为我的能力，成为所有经理人向往的公司。每个人在这里将最彻底地展现个人能力，将最佳的精神状态释放到工作中。他们的个人价值既体现在经济上，还体现在精神上。”

挖掘人才，培养人才，将他们分配到最合适的岗位上是 Jason 经营之道的核心。他最爱的就是发现，“我把所有时间都用在发掘上，一旦发现并调动了人们的积极性，我就完成了工作，并且我钟情于这种感觉。”Jason 自己研发出一套评审制度来归纳公司所有人与工作内容的吻合度，根据这些数据，他给员工提出的意见非常具有建设性，这使得公司在同行业中保持着日益向上的走势，竞争实力逐步加强，而很少有公司意识到“人尽其才”的优势，失掉了壮大公司的机会。

成功的管理者和失败的管理者之间的差别在于，后者做的是将任务丢给工作人，前者做的是将任务丢给能胜任任务的工作人。

高效执行的主体需要对工作具有能胜任性，而这种能胜任性不是靠学历、年龄、经验就能完全掌握，在布置任务前，需要花费大量时间观察、考察、培训、测试等，管理者在企业代表的是“老师”的角色，怎样才能因材施教，让“学生”发挥特长，需要管理者具有发现思维。

对员工能力测试不仅仅靠其学历和技术背景，最重要的是由其在公司表现出的能力作为主要依据。有些管理者在给员工安排工作时仅以个人喜好判断，未能充分考虑任职者实际能力和心理需求，这对任职者对公司都是损失。

管理者应该在各种实例中吸取经验，认清用人三个目的：

1. 认清企业需要什么，能为任职者提供什么

认清企业需要什么类型的员工。人才，各个企业都十分渴求，但各行各业存在人才，只有适合企业的人才才能为己所用，为企业创造价值，带来相应的技术改善。另外企业也要认清企业能为任职者提供什么，一个清晰的职业前景对任职者是最具有吸引力的，个人价值实现是更高层次的社会认可，只有需求与被需求实现双赢，才是最稳定理想的用人状态。

2. 认清提供岗位需要任职者什么个性状态

工作中的精神状态必须是积极向上的，而各个岗位需要的人员的性格却不尽相同。比如，理货员需要耐心、稳重，相对内向性格人较适合，公关人员需要较多与人打交道，相对外向性格人较合适。不同岗位需要不同个性的人，如果错将内向的人放到公关岗位上，就明显违背了“给合适的人一件适合的事”的用人原则。

3. 认清岗位对任职者技能的具体需求

技能是某些人员上岗必须掌握的知识实践能力。在研发岗位上，面对高尖端零部件，一无所知必将工作失败。管理者在分配安置工作人员时，需要清楚知道工作人员的技能擅长，熟练程度，必要时可提供专业培训，稳固人员对企业的归属感。在工作中的具体要求需要明确，不能模糊不清，导致执行力不佳。

通过上述方法，有利于管理者做好本职工作，人力资源合理配置，发挥人在企业中最强大作用，保证各岗位工作的针对性和时效性。用好人，用对人，是人员分配最重要的要求，给工作人员能力最大化的工作，既能挑战他们的能力，又能让企业员工实现个人价值。

执行前要“左顾右盼”

执行不是盲目的执行，是需要目标，需要综合分析事件的执行。要想令执行有方向，执行结果完善，就需要让每个人把心中的想法讲出来，综合考虑结果，再实施执行手段。执行前要“左顾右盼”的意思就是需要管理者具有群策能力，只有具有这种能力才能将执行细节做到位。

当管理者意识到集思广益的重要性时，企业规划就变得豁然开朗，这点在汽车制造业的 Forest 深有体会。

一次会议让 Forest 非常沮丧，当与会人员频频提出问题，而其中的问题很多是经常萦绕在耳边，曾经反复强调的问题时，Forest 大为恼火，这些问题在之前并没有得到彻底解决，如今还有恶化的迹象。

当 Forest 发现问题的根源时，他反复思考，为什么这些问题出现后，企业内部人员没有进行沟通交流，寻找答案呢？最让 Forest 感到无力的是，尽管他致力于进行企业内部改革，尽力让所有人参与到企业规则，事件策划中，但人们却仍然存在根深蒂固的思想，下级只对上级负责，上下级间只与一级差的员工对话，从没有广纳言论的措施，而基层员工却只关注工作，从来没有想过要提出对工作的修改意见。

Forest 认为，管理者不仅仅是发号施令的角色，他们也需要动力，而这个动力就源于基层员工，当基层员工有反馈意见时，就需要与上级沟通，而这个上级并非必须是顶头上司，任何管理者都可以。“我们不需要层层传达式的等级模式，需要的是群策能力，为企业注入更多新的思想。”之后 Forest 发动了一次全公司由下至上的听取意见的活动，鼓励员工多提出意见，找到工作弊端，直接向上级汇报解决。

群策能力如此重要，是关系执行是否能顺利进行的关键。群策能力实质上是将企业内部意见通过全体人员参与，就不同问题提出各自见解，找到前进的困难点，集思广益，在商讨中找到共同解决方案，最终的目的是让各部门，无论是高级管理者还是基层人员都能参与到公司方案决策和问题解决中来。

为什么执行前的群策如此重要，关系如此重大？

1. 再智慧高明的管理者，也不能单打独斗靠一个人的力量做出成绩

企业的发展归根结底不是靠管理者前进，而是靠全体工作人员的付出和思考，一个企业的成长是全体工作人员的智慧结合。管理者需要了解自身能为企业创造的价值是什么，是否是企业的核心。在有重大问题时，能否耐心地听取所有员工的意见，即使这个意见自己是抵触或对自己不利。在听取意见时，需要管理者具有分析、归纳、整理意见的能力，最终的结论和决定需要至少半数人通过才算合格。

企业的成功需要广纳良言，需要调动起所有人的激情和积极性，这样才能确保执行力，确保创造性思维出现。这需要管理者接受员工参与，将权利感放下，将信任感拿出，以平等开放式的态度吸收良言。不要戴有色眼镜看待不同阶层等级的工作人员，白领，蓝领，不再是区分意见来源的框框，针对具体问题和提出的要求，认真分析。这种企业交流方式，能够减少中间传递环节，给最后执行带来方便。

当管理者明确个人与企业之间的关系，带来的不仅是个人能力的提高，更使企业经济效益得到提升，就应把原来与产品工作不相干的人聚集起来，把原本对公司有意见却没有提出的人聚集起来，得到的结果是各种新想法，新思路的碰撞。各种阶层的人坐在一起，把与对方的观念互通，便得到了解和信任，企业团结凝聚力大大增强。

在这种工作经历中，不管是外界还是企业内部，都看到大家言行一致，感受到管理者的用心和企业自身的成长，智慧思维擦出明亮的火花，那些曾经只对工作负责的人改变了思维，头脑运转，参与决策，高层领导也了解基层问题，看清公司各种问题根源的本质，领导能力提升，威信力和信任感增强。

2. 群策包含民主管理方向，包含科学决策指导方针

群策重点在于广开言路，不听一面之词，不用片面的思想和眼光看问题。需要在一个问题上充分了解的基础上，听取各方面意见，无论是正面意见还是反面意见，都要认真思考，对利弊进行全方位比较，找到最佳优化方案。

企业执行上，需要的不是员工埋头苦干的劳动力，最需要的是具有能动的大脑。要想让员工动脑，就需要管理者有民主思想和行动，群策就包含了民主思想。民主的反义词是专制，专制是一个人决定所有事情，在企业中一人独大的思想仍有残留，但可喜的是越来越多的企业管理者意识到专制的危害，将员工的声音作为决策的重要依据。

做一个好的管理者，需要有广阔的思想，提出的建议必须具有可行性，在这个基础上，工作人员才能信任上级，放心将个人不同意见提出，企业所有员工意见综合，还需要有决定的人，这个人就是管理者。在决策过程中，各部门会根据部门利益出发，提出不同见解，管理者此时要洞悉各方面情况，在民主的前提下改善意见，给大家一个合理的答案。

企业界遵循各种规则的目的是为了执行，在群策为执行提出最佳方案后，就变得极其简单了。

不是你的事让别人去执行

对于管理者来说一个人的精力十分有限，对于企业各项工作事宜不可能做到面面俱到，事无巨细。所以，一个优秀的管理者需要学会将不属于自己职责范围内的工作，分配给下属去做。管理者主要是统筹全局的人，是为下属指导工作方向的人，而不是在所有工作细节上亲力亲为的人，这一主次方面需要明确。

把想得到的目标交给擅长它的人去做，结果一定会圆满。人才是企业的关键灵魂，这个道理谁都懂得，管理者还要会用人，善于用人。在某种意义上，管理者的作用在于用人的恰当性，安排事物的合理性，管理的闪光点就是用人的艺术。在用人的方法上，能够发挥主观能动性，汲取众人的意见精华，这才是智慧的管理者。企业不需要管理者是十项全能的运动员，只需要一项，就是整合策划安排的能力。

在很多企业中，仍然存在管理者自身忙得不亦乐乎，胡子眉毛一把抓，这是对工作负责的态度，但却不是精明智慧的管理方法。另外也体现出对下属的不信任感，放手对他们来说极其困难。这种管理方法会导致下属活跃力不足，无所事事，上级过分疲劳，要知道一个人的付出不可能带动整个企业的业绩。

如何有效为下属分配工作对管理者来说变得越来越重要，可以通过如下方面去做好此方面的工作：

1. 筛选出不是自己工作的工作

作为领导者，原则上可以将任何工作分配给他人处理，但这是没有头绪，不科学的方法。将工作分配不是全权委托。认真筛选各种工作，根据其重要程度，特殊情况，复杂程度进行全方面分析。需要注意的是，管理者需要有能预期工作结果的能力，在不能确定结果前，不要轻易将工作归纳到分配出去的一栏中。

2. 指定胜任工作的人

在指定完成工作人员前，需要管理者对下属人员有非常完整的评价体系。哪个员工做事认真仔细，哪些员工富有创新精神，哪些员工适合做单一的工作。在有精细的判断后，就能根据工作性质分配给适合的人，对工作尽快最好完成是非常重要的。

3. 明确工作时间、内容和方法

每项工作都有需要完成的时间，管理者需要根据工作难易程度和员工自身评价设定工作完成时间。将工作细节内容全盘告知下属，不能有遗漏，误差的疏忽，这对工作完成度有很大影响。管理者心中有较好的处理方法时，可直接向员工透露，或者以讨论商议的形式透露，这可节省大量工作完成时间。

4. 制订分配计划

做任何事都要有计划，按计划行事。分配工作就是这样，计划中需要提及工作负责人、负责原因、预期时间、预期结果等，越详细越好。计划表需要一式两份，一份给下属，一份自己留存，这样双方都能了解工作内容，防止工作时间过长，细节被遗忘。

5. 进行工作分配

根据前 4 点的准备工作，接下来就可以分配工作。严格按照工作分配计划表实施，如遇突发状况也可适当修改，但不能破坏整体工作效应。在分配工作时，要发挥管理者精神鼓励作用，给下属最信任强大的信心，激励他们将工作完成得更完满。

6. 适时检查工作进展

在员工处理工作期间，管理者可不定期视察。视察不仅是看员工完成工作的进度、程度，重点是看员工有没有遇到不可解决的困难，注意倾听员工的反馈意见，以便对工作掌握得更全面。检查工作频率不要过于频繁，这会打扰员工工作思维，一般来说每周一次最恰当。

最成功的管理者能分辨工作性质，将不属于或下属能完成的工作交给他人执行，这不但体现下属的重要性，也表现出对下属的信任，将企业员工工作热情提升至最高点。

完善人际关系，促成执行协作

管理人员对下属的期望和方法影响着工作人员的工作进度和业绩，而要下属完全接收到上级的期望信息，就需要管理者做出有效沟通，了解沟通和人际关系的重要性，只有沟通顺畅，没有障碍，才能让协作顺畅无阻。

学员 John 曾任职世界电气公司，这个公司有非常独特的“朋友制”，就是让老员工和新员工加强沟通的方式。John 收到电气公司录用通知时，额外得到一封信，信中写道：公司采用“朋友制”迎接新员工，公司将安排一位员工与您成为朋友，在进入公司一个月内，他（她）将为您提供各种帮助。

当天下午，John 接到一位女士 Anne 的电话，他们相约在一间咖啡屋见面。John 在和 Anne 相互了解一些以后，他明白了公司人力资源部门选择 Anne 做他“朋友”的原因：首先，Anne 和自己一样都是华裔，所以彼此较容易沟通；其次，John 刚从旧金山来纽约，而 Anne 对纽约和公司的研发部门非常熟悉，可以帮助 John 解决从生活到工作的具体问题；最后，Anne 热情、乐于助人。当 John 谈及孩子上学的问题时，Anne 就很热心地向他介绍周围的学校情况，并热心地向他推荐了一所好学校。

到了正式上班的那天，John 来到公司研发部门的办公室。当他走进办公室，正对该怎么做有些不知所措时，Anne 走了过来。Anne 先带他去见主管经理，明确了自己工作的职务、内容、要求、基本程序，主管经理还向他交代了当天的工作；然后，Anne 带领 John 参观了办公室，领取了必需的办公用品，告诉他办公的位置；最后，John 在一间宽敞的办公室桌前坐下来时，觉得一切都不再陌生。午餐时，Anne 来招呼 John 去吃饭，Anne、约翰和其他几位同事就像老朋友一样有说有笑地向餐厅走去。

John 的亲身经历，让他对进入新环境不再有恐惧慌张的感觉，说明有效沟通对人性化管理，建立良好人际关系的重要性。在一个团队中，那些自认为有管理天分的人，往往缺乏良好的人际关系，执行协作也处处受阻。而优秀管理者的明显特征是以最自然，最和谐的方式与下属交往，这样的关系是能自然地促使下属间协作顺畅，成为员工间良好关系的原动力。

基层工作虽然基础，但却极其重要，基层就像大楼的根基，根基不稳，大楼再高也不能抵御狂风暴雨。

优秀的管理者能够很好的与基层员工沟通，关心下属生活需要，发挥个人人格魅力。做一个关心下属的上级，那么下属就会积极工作，更快实现公司的要求，奉献个人力量。

重视人际关系的管理者，往往不会有协作困难的问题，这是拥有良好人际关系的重点所在，那么在管理工作中如何才能做到这点呢？

1. 完善与上级的关系
2. 和同事间友好相处
3. 与下级建立良性关系

图 6－1　完善人际关系

1. 完善与上级的关系

在与上级相处工作时，应当多站在对方角度思考问题，之所以对方是上级，一定是对方有更宽阔的战略眼光，有时是下级不能看到的地方。工作当中各个实质阶段都要主动汇报，让上级对下面工作有所掌握了解，对个人信任度也会增加。有不能解决的问题可以及时反馈，以获得充分帮助，让上级了解你的工作内容和进度，给出准确建设性建议。

上级提出的意见和建议应该仔细研究分析，有不同见解及时表达，以商议的态度提出异议，当然最终要听从上级的工作安排。经常提供工作情报，不要在工作中说闲话，有意见可以正面沟通。

2. 和同事间友好相处

不要在小事上纠结，以至于伤害了同事感情，也不要唯唯诺诺丢失自我人格。要想与同事和谐友好相处，就必须懂得尊重。这个尊重既是对他人的尊重也是对自我的尊重，因为每个人都有自尊心，与人友好相处的前提是尊重他人。任何情况下都不能有过激行为和言辞，若逞一时之快，伤了同事之间关系则得不偿失。

受同事欢迎也不代表丧失个性，能够妥善处理人际关系的人明确知道在各种场合应该如何表现妥当，成熟稳重内敛，不张扬不躲避，在适当时沉默，在适当时发表个人看法。注意控制个人情绪，不适合的场合不要有过格的言语和动作。另外，微笑是最好的建立友谊的工具，时常微笑对人，以友好的方式表达看法，会有事半功倍的效果。

3. 与下级建立良性关系

水能载舟，亦能覆舟。作为上级，不应该人为抬高自己，管理者只是资源的主体，是更重要的核心部分。既然是核心，就需要有包围自己的人，怎么让更多人追随自己，这就需要良好的人际关系。只有紧紧包围自己的人多了，大家有共同前进的信念，才会有协作上的行动统一，才会产生凝聚力，突破重重障碍，达成目标计划。

现代管理强调以人为本，上级应该理解下级难处，尊重他们的选择和人格，建立充满积极向上氛围的团队体系，这才是体现以人为本的理念，形成强大不可撼动的凝聚力，在团队协作效率上更进一步，推动整个团队和企业的共同发展。

管理者做好各项工作的同时，营造良好的人际关系作为工作强度的缓冲垫十分重要，而协调好企业内部人际关系，是管理企业的必要方法，是达成执行协作的科学保障。

高明的人不站队，执行后期不困扰

优秀的管理者不需要按照条条框框束缚自己，不需要把自己固定在监工的岗位，他们的下属会自己处理工作，在工作执行上不需要太多困扰。

太多太复杂的监管制度、管理规章会让很多员工无法专心工作。长期以来，传统的认识认为，在企业中，管理者的职责是监视、监控，主要任务是监督下属的工作。整个公司管理层只是到处举办高层会议，以确保企业和其他基层的工作运行正常，不出问题。结果，高级经理们沉溺于文件、报告、会议中，不给基层管理者做决策、展示才能的机会，渐渐失去与下级沟通的机会。这就是那些管理者所做的一切，而且他们还认为这就是他们的工作。事实上，一个高明的高层管理者是不用管理的。我的学员之一 Gene 所在公司的事例就是最好的证明。

> Gene 公司的格局不同于其他公司，所有的办公室都是互通的，没有隔断，没有高墙，不同部门之间只是用盆栽、书柜、滑动壁板的装饰性物体隔开。公司接待员带着我参观了新的办公室，在看到了优美富有人性化的办公空间和宽敞整洁的员工休息间后，不禁向接待员询问道："这个员工休息间有休息时间规定吗？"

“我们这里没有硬性规定，只是员工都会自觉地在休息间舒展筋骨，不会在工作室吃东西，因为我们爱护这里的一花一草，地上的地毯，雪白的墙壁，深怕饮料食物破坏了它们原有的形貌。”女接待微笑着回答。

“没有硬性规定?”我对这样的回答着实惊讶，“那你们公司的员工岂不是可以正大光明地偷懒?”正在这时Gene走过来，迎接我去他的办公室，在去办公室的途中，脑中的疑问困扰着我，我便将这个接待员没能解答的问题抛给了Gene。

Gene笑了笑，说：“我们不怕员工偷懒，因为这个问题在员工之间会自动杜绝。”看到我脸上还有不解的表情，Gene接着解释道：“企业氛围、个性形象和职业道德足以让每个员工都愿意给同事留下良好印象。这也是为什么当初在筹办办公室时，我们没有传统的隔断，因为隔断就留给他人私密空间，现在开放式的办公室让大家在工作上变成透明状态。你也看到了，不管是员工还是管理者，离开工作岗位，回到岗位大家都有目共睹，这样大家就能相互监督，这是一种心理学方法，确实非常有效。”

让公众关注他人行动是最有效的监督方式，任何人都不必付薪水，而任何人都在受益。

高明的管理者不需要按照传统排队站队监督下属，这种监视式的管理并不会使员工执行力提高，反而会干扰、影响其对工作的专注度。迷信制度能带来所有规范是形而上学的做法。人的本性是有弹性的，如果强加压力，反而会适得其反，遇到员工的反抗和抵触，记住任何人都不希望自己是被压制者。

松散式执行要求自我管理，在雷夫寇“关掉噪声”实验中，充分体现出自我管理的优越性。

实验中，被研究人员分为两组，在两个房间内进行校稿和解谜的工作，房间内时不时会有噪声干扰。两个房间有一点不同，就是一个房间有关掉噪声的按钮，另一间则没有。实验结果发现，设有关掉噪声按钮的第二组表现较佳，解谜和校稿的错误率也相对较低。但令人惊讶意外的是，第二组并没有使用这个按钮。

实验表明，只要让人了解自己拥有调控空间，便可以进行高效自我管理，执行效率随着自我管理大大提升。那么如何培养下属自我管理技能，达到执行无忧呢？

1. 提出自我管理理念

向员工提出自我管理理念，就要让员工对每天的工作内容有自我审查，对执行结果有自我预期和结果。让员工能够处理好个人工作，不需要或极少需要上级监督，对个人所负责的工作负起责任，找到解决工作中问题的最佳方法。

提出自我管理理念后，会有某些员工不能理解其精髓，可以做一次系统培训，将信息输入到员工中去，达到管理妥善，直至执行高效率。不但对管理者是负担减轻，对员工也增加了工作独立性，工作将变得很有乐趣。

2. 分类任务交给下属执行

即使经过完善培训，但还需要实践才能锻炼员工自我管理能力。这就要求管理者具有可以分类任务性质的能力，将能运用自我管理能力的工作尽量交由下属去执行，长此以往，员工就会将知识应用于实践。渐渐地，企业执行力将越来越强。

3. 认可员工每项进步

没有什么比鼓励更能激发人的激情，工作也是一样，当员工在自我管理上取得一定进步，即使是微小的进步，管理者也不应该吝啬赞美和鼓励，这种鼓励会催化员工的积极状态，将工作完成得更完善，对工作热情更高涨，更能影响身边同事的精神状态。自我管理会成为企业执行最有效的催化剂。

现代管理也不是要销减公司的管理层次和管理规模，更不是要减少管理者，需要的是管理观念从根本上的变革，使管理者成为以人为本可以引导员工实现自我控制、自我管理的新型管理者，在企业里形成一个宽松的工作环境，高效的工作效率。这种观念上的变革，其意义远远大于简单的精简执行层次。

第七章

策略四：赏罚分明，让部门考核简单化

为什么企业考核形同虚设？为什么企业执行停滞不前？

在企业执行管理中，奖惩是管理活动的核心命题。企业管理中能够让员工感到不舒服的任何举措都是惩罚，能够让员工感到舒服的任何举措都是奖励。

激励员工、驾驭团队等都离不开奖惩手段，赏或惩在员工工作中必不可少。赏让员工在心理上强化正面行为，对工作更加认真负责；惩让员工在心理上抵制负面行为。在企业中，赏罚必须有度，没有度的赏罚形同虚设。

要知道在企业执行上不可有模糊不清的界限。对员工“一视同仁”是不公平的，行业要求任何管理者在企业中都要对不同员工细致了解，实行差异化管理，这样才能使员工能力得到提高，给企业带来实效。

利用“二八法则”简化部门考核

企业执行方案不能搞平均主义，平均主义的内涵是对业绩突出者的审判，对业绩平庸者的赞赏，在这样的执行下，不可否认得到的一定是一个差团队。

19 世纪的英国人有独特的资金和赢利模式，那时，大部分资金流向极少数人口袋，同时也有两项令人惊讶的事实。第一，某族群占人口总数的百分比和该族群享有的总收入或财富之间有一个数学关系，即 20% 的人占有 80% 的财富。而这种不平衡现象应用于各种领域依然见效，这就是“二八管理法则”的由来。

“二八法则”的重要性说明了，无论在哪个领域都要抓住重点，在团队中抓住关键人，在事件中抓住关键事，简化部门考核也同样适用。也就是说，管理者要将简化部门考核的核心和力量放在 20% 的少数人的考核上以带动 80% 的执行力，以提高企业工作产出效率。

坚守 80/20 策略，就必须集中精力专注一件重要事。对一件重要事的高度专注要求人们摒弃思想杂念，从无谓的琐事中解脱出来，对重要事投以极高的兴趣及热情，并全身心地将其完成，整个专注投入的过程需要人们有计划、有重点、有规律地执行，并力求取得预想中的最大成果。

1. 将部门日常考核转移

如果确定有某些急需解决但却浪费员工精力和时间的考核，比如服装整齐度考核、迟到早退考核等，可以转交给员工自己处理，或交由专人处理。这不是对工作不负责的体现，恰恰是这样的统筹规划才是提高工作效率，完成重要事件的关键思路。自我价值需要投入到真正能体现出价值的领域中，不属于自己的领域就果断松手才是明智的时间管理选择。

2. 部门考核要用好“工具”

在现代化的今日，许多操作都需要工具辅助，工具是节省时间的好帮手，是职场人必须学会必须掌握的一项技能。有些工具目前已经普及，比如 office 办公软件、MSN、邮件等，但从事不同领域的工作就会遇到不同领域的专业工具，如果在工作领域中没有熟练使用此类工具，那么就会花更多时间、更多精力在无谓的重复劳动中。

学员毕建从事轮胎销售工作，初中学历的他认为自己学不会客户销售软件，便无心学习软件操作。每当有客户询问某品牌某型号轮胎有无库存时，毕建就拿出自己独有的“库存本”查询，而此时销售同事早已通过客户销售软件查出具体数据。毕建的“库存本”并没有因为他投入的精力和时间派上用场，反而因为查询时间过长，好几个订单都被其他同事捷足先登。为找到问题所在，毕建便向同事请教软件使用操作方法，没想到不到半天的工夫，毕建就已经熟练掌握，对个人销售业绩有极大帮助。

一时的时间投入，掌握了使用频率较高的操作工具，换来长久的方便和快捷，直接取消无价值的活动，不用再为简单的事情耗时耗力，这是企业部门需要重点投入的20%。

繁杂的部门考核不但不会给员工带来向上动力，反而会使员工对工作厌烦，对工作流程失去操作的信心。将“二八法则”运用到简化企业流程中去，对企业管理者有非常大的启发。

“二八法则”对管理者的启示有如下几点：

1. 执行力提高要具有全局观念

从“二八法则”出发，既要了解总体的20%，也有必要理解总体的80%。在这一点上，有一个关键因素就是要具有想象全局的能力。

2. 简化部门考核需要人力资源战略

一视同仁可能无助于提高企业整体效率和竞争力，在企业执行管理中，往往是20%的人完成了80%的工作任务，因此企业要保证稳定完善的考核流程结构，作为管理者，任何时候都要保持清醒的头脑，要分析本企业20%的核心成员是谁，这些人各有什么特点和优势，以便采取相应的对策。通过重点培养和激励20%的骨干力量，来带动企业另外80%员工的积极性和创造性，通过20%的考核带动企业规范化进程，促使他们向20%的骨干力量学习，从而使整个企业人员素质、工作效率和业绩不断地攀升。

3. 简化部门考核需要营销战略

营销无处不在，在简化部门考核中应专注20%能够带来高利润的核心技术和产品，在对待客户上，客户的价值是不等的，发展和留住客户的成本也是不等的。一般来讲，发展新客户的成本是留住老客户的5倍，重点要留住老客户、忠诚客户，也是因为这20%的客户能带来80%的利润。利润提上去了，呆板的考核也就不重要了。

“二八法则”给我们的一个忠告是：应该把精力用在最见成效的地方，所谓“好钢用在刀刃上”，要善于抓住机遇，在激烈的商业竞争中，当足以决定成败的细节需要改善时，就要敢于将大部分精力投入进去以争取胜利。如果一味地强调平衡，死守“一分耕耘，一分收获”的所谓“公理”，那么就会受到“二八法则”的惩罚。

赏罚分明，踢人的同时也要拥抱人

论功行赏才叫公平，作为一名管理者就应该做到奖罚分明，不偏不倚。从管理者来讲，恩威并用是不变的管理方式，赏罚是员工对工作做好做坏的诱因，一个工作如果没有其本身的魅力，做工作的人必然没有积极性。在企业中，有一两个工作懒散的人还不能影响全局，但量变达成质变，当对工作积极性的人越来越少，形成一个整体时，整个企业必定会陷入停滞落后的状态。所以说在工作业绩中必须要有赏罚，在人员管理中必须要有赏罚，这是企业团结的前提，是员工努力工作的物质基础。

这里有一句名言，叫做：优秀的管理者既要会踢人，也要会拥抱人。

我经常会对培训的管理者学员说，在一个能良好运行的企业中，需要把人才流失率保持在一个衡值水平，这个值根据不同行业有不同要求。在手机电子行业中这个比率保持在8%～10%是最合适的。低于这个值说明公司缺乏新入职人员注入，长期下来会使公司缺乏创新能力和公司活力，高于这个数值则说明公司人员跳槽过于频繁，对公司文化形成及稳定性有不利影响。

根据员工工作业绩，应该把员工分为三个类别：最佳、中等、欠佳，三个类别以2∶7∶1的比例安排。管理者每年都要有一份按照三个类别的公司人员分类排序，对最好的“2”和最差的“1”做具体调查，甚至连名字、业绩、薪资、待遇都要知晓，并给予适当的赏罚。

作为一家电子公司管理者的Mack，深知对那些不能或不愿意融入团队的员工的管理是多么困难，而改变一些思想老化，固执的老员工要费多少精力。Mack在公司年会中提到，管理、制约、调动他人的欲望和思维是提高员工执行力最关键的部分。

一次，Mack到公司营销部视察，他对营销部经理说：“现在你做得很不错，但我相信你还可以做得更出色！”

营销部经理一脸难色，问道：“那您可以帮我指出我可以怎样做得更好呢？您看看我们的报表，看看政策，我已经尽了最大努力，再好我想是有相当大的困难。”

Mack 沉默了一下，平静地说：“我确实不知道该怎么做，但我却知道你还能做得更好。现在，我批准你休假半个月，在这半个月中你不要想公司的事，等半个月后回来，就当自己是新入职的员工，抛下现在的想法，用一个新人的眼光，看看还能不能做更多对营销有利的改善。”

营销部经理对 Mack 的决定似懂非懂，在休假半个月后回到公司，照 Mack 的指示用全新的眼光对营销策划做相应改变，短短半年，销售业绩便翻了一倍，半年后，他就升职为产品部经理了。

对于管理者来说，处理表现最差的 10% 相比那最好的 20% 要艰难得多。公司新上任的经理第一次确定最差的员工，是件容易的事。但越往后，事情越困难。到最后“简直就成了一场战争”。他们认为，那些表现最差的员工已经离开了这个团队，他们已经和团队里的每一个人都有了感情。同时，经理们会想出许多奇招怪法避免确定这底部最差的 10%。有时候，他们把那些当年就要退休或者其他已经被告知要离开公司的人列入“黑名单”。有些经理甚至干脆把那些已经辞职的人列在最差员工的名单里。

管理者只有奖罚分明，才能提高企业执行力，那么如何做到奖罚分明呢？

1. 明确谁应该奖，谁应该罚

对一个完整的企业来说，要明确谁应该奖励，谁应该惩罚有时并不是那么容易，要想明确这点，首先要做到明确每个员工的工作目标。如果管理者连员工的工作内容目标都不了解，那么当员工没有做到工作量的时候，也不会察觉，这样就衍生了员工偷懒拖拉的工作态度。其次要明确每个员工工作的要求标准，在员工没有完成工作或工作有错误时就应该惩

1. 明确谁应该奖，谁应该罚
2. 明确该怎么奖，该怎么罚

图 7－1　赏罚分明

罚，在员工超额完成工作内容或优质完成时，就应该奖励。奖罚要分明，必须按照规则实施，不能有不公平的情况出现，以免使部分人心理不平衡。

只有这样才能明确何人该奖，何人该罚。

2. 明确该怎么奖，该怎么罚

在奖励和惩罚上，并不是单纯的以加薪或罚款来施行的，奖罚需要有技巧，不然安排不好会使激励政策起到适得其反的作用。

一般来说奖罚包含两种形式，一种是物质上的，一种是精神上的。物质方面包括加薪降薪、福利待遇、假期安排、职位安排等；精神方面包括激励表扬、荣誉称号等。以物质和精神相平衡的奖罚会有非常好的效果。

另外，奖罚的尺度也需要管理者认真掌握，在企业不同时期，不同阶段奖罚的尺度都不尽相同，要根据具体情况具体分析奖罚尺度，不能过大也不能过小，达到激励全体员工认真工作的目的即可。

木桶的含水量是由短板决定的，大树的高度是由最高枝决定的，在企业中管理者对员工的看待要注意“短板”和“高枝”，管理者必须兼具软硬两手，既要踢人，也要拥抱人，实施起来坚决果断。拥抱人是件好事，踢人虽然会使人痛苦一时，但绝对必要。如果执行之时优柔寡断，瞻前顾后，就会失去应有的效力。

有差异才是真正的公平

对员工“一视同仁”是不公平的，行业要求任何管理者在企业中都要对不同员工细致了解，实行差异化管理，这样才能使员工能力得到改善，给企业带来实效。

江苏森达集团原来只是一个村庄里的小企业，但经过短短十几年就成为全国著名皮鞋品牌，这与森达集团管理层重视员工差异化是密不可分的。

一个偶然的机会，森达总裁朱湘桂得知台湾著名的女鞋设计师蔡科钟先生莅临上海，听闻其有在大陆谋求发展的思想，便随即赶往上海拜谒蔡科钟。经过双方的沟通和了解，朱湘桂确信蔡先生是设计的人才，想将其纳入集团，但蔡科钟先生要求年薪不少于300万元，朱湘桂吃了一惊，在当时年薪300万元可以说是狮子大开口！但为了赢得人才，朱湘桂还是下了决心聘用他。

消息传到森达集团总部，顿时企业上上下下一片反对声，认为如此高的年薪，整个企业人员都像是为他打工。在朱湘桂一再坚持下，蔡先生才得以入职。而蔡先生也不负众望，凭借其良好的创新精神，多年设计经验和敏锐的鞋业触觉，当年就设计出120多种鞋样，为森达赢利5000万。

一个企业的员工少则几人，多则上万，每个人都是一个个体，不是机器生产出来的模型，在性格、教育背景、人生经历上千差万别。如果管理者以一刀切的方式，一视同仁地管理，那这个企业将是没有竞争力，没有活力的企业。

企业制度需要统一，但管理必须差异化。企业制度就相当于国家的法律，法律是不可触犯的，企业制度同样，对任何员工都公平对待，不能有丝毫偏差。而企业管理就必须差异化，这是因为员工的差异管理可以提高企业执行效率，心理学家波诺玛说得好："一个没有弹性的管理者，可以说就是最没有效率的管理者"。简而言之，低水准的管理者通常以制度、规范管理员工；高水准的管理者处理事务和管理员工时，就不完全照搬规则制度，而是以每个员工为导向，以个人经验、判断能力为基础，结合制度做相应取舍。

就员工差异管理而言，需要以如下几个原则为基础：

1. 以企业利益为基点

这种差异化管理或处理员工相关问题时，管理者必须以企业利益为出发点，不能带有过多感情色彩，不能为维护部门员工充当好人，也不能为了个人利益而放弃原则。

2. 管理需有说服力

不合理的管理不会让员工信服，针对每个员工的问题，管理者需要拿出铁证如山的证据才能使员工认识到工作中的失误过失。如果管理者和员工意见不符合，可以交由上级处理。

3. 优先思考企业制度适用性

在进行差异化管理之前，要先思考企业制度符不符合本企业员工，在制度测验阶段，不能任意添加私人条例。在充分得到员工认可，需要改善的制度才能适当修改，争取制度符合企业内部现状。

4. 差异化管理需要对事不对人

在管理企业中，工作员工出现失误，管理者应该及时指出，针对事情的进程批评，不应该针对员工个人，以免员工今后工作劲头不高涨；而在人员管理上，就需要管理者认真分析不同人的特征，尽量在分配工作时，因人而异。

5. 工作态度工作绩效均有记录

企业招聘员工就是想使他为企业作出贡献，那就需要将每个员工贡献多少记录在册，有据可查。这对企业是一种负责，对员工也同样。如果工作成果不能差异化，那么管理上的差异化也就不复存在。

平均主义在历史验证下被证明是最不公平的，它已经失去价值，在当今社会我们必须承认员工之间是存在差异性的，而且在任何组织内都是存在的，这是任何一位管理者都不容忽视的问题。如果管理者对员工差异化没有认知，一再强调“一碗水端平”，那么在企业内部便有可能造成管理层与员工之间的鸿沟，使企业的人力资源白白浪费，丧失企业应有的竞争优势。

管理者只有真正了解这些差异，证实差异，学习差异化管理进而加以取舍和运用，采取对症下药的方式予以激励，才能真正发掘员工的价值。成功的公司不一定要完全与众不同，也不一定要循规蹈矩，关键是找到正确的道路并且坚持走下去。

业绩不是唯一标准，但一定是标准之一

业绩带来薪资提升，薪资是激发员工工作的物质基础，而业绩也是企业生存的基础，所以，在企业，业绩不是唯一标准但一定是标准之一。企业制订恰当的激励计划会提高员工工作积极性，这不仅是给员工一个生存的基本工资，更要以业绩说话，业绩高则有更好的职业前景，晋升空间，

更好的办公环境，这是一种荣誉，是对自己付出的认可，是企业对员工的信任和肯定。

我曾经的一个优秀学员 Ralph，如今在一家英国公司做管理，一个星期前我们聊天聊到公司业绩的话题，他滔滔不绝地向我说起他在公司内的改革措施。

> 在工作中 Ralph 为了促使员工努力工作，曾在“提升员工”上费尽心思。他首先根据员工创造出多少利润将员工分类，最高是公司管理层职位。员工要想被提升到公司最高层的管理岗位上，首先必须让自己的业绩达到工作典范的标准。而一些业绩低于公司平均水平的懒惰员工，根本不会得到晋升。“我就是要员工清楚，只要你能不断有业绩，高薪水、高职位就在眼前！”
>
> 在 Ralph 的公司中，华人孟亮就是受益者。刚进公司时，他只是一名普通的推销人员，虽然工作是最基层工作，但他却特别认真，平时经常在本子上涂涂画画。为了增加工作时间，孟亮车上随时带着水和食品及公司的产品，只要一有时间就向身边的人推销。孟亮靠自己的智慧和吃苦耐劳的精神，为公司销售了大量的产品，销售业绩一度高居公司榜首。为了鼓励孟亮再接再厉，获得更好的成绩，Ralph 将他提拔为销售部经理。

企业提升员工积极性的最好方法是“通过衡量员工的业绩去任用”。事实表明，用员工的个人成就决定员工的提拔升迁，将会更有效地激励员工，培养员工向优秀员工看齐的企业精神。

有时，“业绩决定晋升”会给员工带来一定的工作压力，但重要的是它把握在员工的手中。拥有了晋升主动权的员工可以直观地看到自己努力与进步的轨道，让他们深切感受到赢得胜利的悸动。这一切均可产生强大的激励力，促使员工更加努力地工作，使劳动生产率达到最大化。

日本著名的企业家——松下幸之助曾说过一句话：“企业不赚钱形同犯罪。”可见，绩效对企业来说无异于头等大事，那么，绩效也绝对不是某个人的江山，而是所有人的江山。告诉员工业绩究竟能给他们带来什么，让他们对业绩有更深刻的了解。

1. 绩效就是你的能力

可想而知，企业中，哪个部门的领导都不会差到哪儿去，那么，当大家实力相当的时候，用什么去衡量一个人的能力呢？那就是绩效。和老板、下属同呼吸共命运只能说明你对整个团队负责，是个好领导，但却不会有人说你是个有能力的领导，因为你所做的也是你应该做的。另外，企业的人事调动、加薪晋升时看什么？还不是看一个人对公司做出的业绩大小，即使你在其他方面做得再好，若是没有业绩作为有力的支撑，企业也不会轻易赋予你更高的使命。

2. 绩效帮你赢得更多青睐

不仅是员工，老板同样是业绩的囚徒，没有哪个老板会拒绝一个每天都能为他创造业绩的管理者，在这个凭能力说话的社会，老板用人的标准也是只有那些给他带去最终利益的人，才会持续被他重用。即使平时和老板关系再好，最终老板在提拔人才时也会变得异常冷静，用业绩作为衡量人才的标准。所以，要想使企业之路走得更顺，只有不断地创造更多业绩，才能获得更多人的青睐。

3. 绩效带你走向事业的巅峰

有好的想法，想要向公司提建议时，决策层用什么来衡量建议呢？还是业绩。例如，当员工提交给决策层一份计划书时，管理者会本能地看员工之前为公司做出了多少业绩，如果业绩是零，就会当一个新人对待，对员工的建议考核也就会更加苛刻、严格；相反，如果是一个业绩百分百的人，管理者就会认为此人是一个有着丰富经验的人，在计划差不多的情况下，就会倾向于给你一次尝试的机会。

不要觉得这很不公平，我之前所在的公司都是这种考核模式，这就好比我们在面试应聘人员时，通过什么去衡量一个人是否有任职资格呢？还是业绩！

业绩不是唯一标准但一定是标准之一。人才在工作时往往不满足于自身的环境，很多管理者没有意识到这点。企业必须下定决心采取行动，设计一定的级别和头衔并创造出足够的层次，或者采用“优胜劣汰”等方法腾出位子，以便让有能力的员工一次又一次地被提升。

用最简单的方法打动那些不愿执行的懒虫

对大部分员工而言，很多任务都属于日常执行事务，做久了难免会陷入重复、机械的境地，这是令大家对工作产生厌倦心理的因素之一。厌倦便产生惰性，惰性是员工执行最大的障碍，是执行必须解决的关键问题。

我的学员Gayle是某知名广告公司设计部员工，已经在职场打拼两年有余。这期间，她也曾经历了很多考验，接受了很多教训。比如在执行这块，她就曾兜了很大一圈。

早期时，她的工作量非常大，每天设计部全体同人几乎加班到凌晨一两点，已经成了家常便饭，后来Gayle自己也感觉到：为何其他部门都不加班？唯独自己的部门每天忙得一定要加班才能完成任务？差距在哪里？

开始她以为是自己的团队实力不济，后来才发现并非如此。

Gayle在每接到一项任务后，为了不偏离执行的轨道，总是在员工做到一半时就查看他们的执行详情，开始几次的交流让他们擦出了许多新的火花。可这样一来，大家往往做了一半的任务就会因此泡汤，因为Gayle的一两个建议往往就要重头再来，甚至要重新学习、制作。这就造成了大家的执行总处于一条“断裂带”上，其实做做停停最容易抹杀灵感的火花。

而很多时候，领导还会有很多新任务发过来，这时，为了赶进度，Gayle又不得不叫停现在的工作，而做新的任务。就这样，之前的工作还没做完，就又开始做新的工作，恶性循环就是这样在无形中形成的。

另外，时间一长，Gayle善于在中途交流的做法已经成了她的一种个人习惯，很多同事都开始对这样的工作模式反感起来，觉得自己辛辛苦苦地做一项任务也没有用，还没等做完，这个多嘴的人就跑过来将自己的成果弄得面目全非。对此，很多同事都怕了，渐渐地不敢再和Gayle一起共事。当执行始终处于一条“断裂带”上的时候，便会滋生出懒惰的因子。

后来，Gayle总是不自觉地向我抱怨，她认为造成今天任务迟迟不能推进的原因，都是同事不肯配合自己工作，还说她的同事们真是不知好歹。

在我看来，这些同事也并非不知好歹，毕竟谁都想提早完成任务，Gayle可以和别人讨论，也可以提意见，但至于对方接不接受那就是对方的事了。

Gayle错就错在不应该打断自己和同事们正在执行的任务，让大家的每一次执行都断裂。其实，从心理学的角度而言，每个人都有执行的成就感，有时我们更需要这种一气呵成的成就感，以弥补执行的压力。

身为企业员工，做事不能自动自发、执行不到位始终是致命伤。其中最明显的表现就是：上级领导安排给自己的任务，自己怎么也不肯付出

100%的努力，总想着投机取巧，最终没有一件事情能做完。

然而，执行不到位，对企业而言，就是成本的浪费以及加倍的利益损失。而对员工而言，就会造成逆势成长、发展的失衡心态，导致一副事不关己的混日子局面，即将达成的业绩也会功亏一篑。久而久之，如果一直如此，那么还不如不执行。其实，真正拥有执行力的人工作档期都会排得很满，工作有条有理并且能够自动自发。例如，有一位企业家就力争在工作日里保持自己的竞争力，周末也不闲着，总结一周的工作、准备下周的工作，以此来超越他人，在他的字典里没有“懒惰”二字。

惰性是人性的弱点，也是人之本能，产生惰性的原因有很多，可终究不能成为你不去执行落地的“挡箭牌”。

懒惰的人，总是在最后的期限里执行任务，他很可能对这个任务理解不到位、准备也不到位，执行更不会到位；懒惰的人很难对一项任务坚持不懈地完成，总是在为自己找这样那样的借口，工作量一天天堆积如山，既为自己带来了压力，也为执行造成了阻碍。

如何帮助员工戒掉执行懒惰的坏习惯？越简单的方法越管用。

1. 督促员工不给自己懒惰的机会

懒惰普遍源自内心的自我放纵，很多人明知懒惰是一种陋习，但就是怎么也改不掉，究其原因是员工本身就给了自己很多懒惰的机会。当接到一项任务后，养成立刻去做的习惯，而不是回到办公室便把文件夹堆在桌子的角落里，越是拖延，工作就越难执行，为什么这么说呢？通常，管理者在安排工作时，会把工作的重点从头至尾交代一遍，也就是说，执行得越早，你对任务的理解就越深刻。在相同时间里，每个员工都不是只有一个任务，假设员工不断地被其他任务干扰，拖延下去的结果不只是工作累积到一起，而是淡忘了最初的执行方略，众多任务混为一谈。

2. 今日事，今日毕

心理学研究表明，每个人都有一条兴奋曲线，这条曲线是根据事物的新鲜度而呈递减趋势的。例如，上级安排的全新任务，或许他并不急着出结果，但是与还没有执行完的、紧急的旧工作比起来，眼下的新任务对你更有吸引力。所以，如果所有的工作都是这么个执行顺序，那些旧工作就很难有到位执行的可能。最好的办法就是当日事当日清，时刻保持对工作的热忱，当你想要拖延时就想想：明天还有明天的事，以此警戒自己切勿拖延。

3. 保持对工作的新鲜感

很多事都是心理作用在发挥着力量，有的员工说拖延是因为自己做的工作太机械了，每天都在执行相同的任务，这时我们就可以借用心理学的暗示效应，提示自己，再类似的事件也有其不同之处，每一次执行都是学习的机会。当你由心开始拒绝懒惰的时候，行动才会跟上来，所谓意识对能动性的影响便在于此。当然，每件事的确都不同程度上存在着差异性，关键就在于你的心里是怎么想象的。

用最简单的方法激励员工抛弃陋习，记住执行越简单越有效。

第八章

策略五：抓重点看大局，让企业制度简单化

最容易执行的事是最简单的事。如何使企业制度做到最简，需要在工作中能抓住重点，一语中的、简单明了的管理者，在最短的时间实现决策执行。

一位表演大师准备上场前，他的徒弟告诉他鞋带没有系紧。大师蹲下来系好并对徒弟点点头说谢谢。等徒弟转过身去，大师悄悄地将鞋带松开。

旁观者看到后非常不解，于是问大师："您为什么要把鞋带松开呢?"

大师回答说："我此次扮演的是一位疲劳的旅行者，在长途跋涉的旅途中，松开的鞋带可以体现他的劳累。"

旁观者又接着问："那您什么不直接告诉你的徒弟呢?"

"他因为细心才会发现我的鞋带松了，因为热心才会告知我，为了他的细心和热心，我需要及时给他鼓励并且保持这种积极的态度。至于松开鞋带的原因，表演的机会还有很多，我可以下次教他。"大师微笑着说。

人在一个时间只能做好一件事，懂得抓住全局的重点，才能成为优秀的企业管理者。没有重点的工作会失去方向。

企业败局：用最高效率做着无用功

当企业的管理者一味注重效率而忽略了加工对象时，以最高效的工作来应对没有价值的工作，只是在做无用功，还会因为无谓的投入给企业带来负面影响。

1. 分清企业中的重点，在工作中的轻重缓急

管理者在制定企业制度时要遵循重点任务强化突击，次要任务适时完善。

2. 紧急任务第一时间处理，过时任务决然放弃

适当推迟次要任务为重要任务让路，留给紧急任务足够的时间。在企业制度的制定上，只要遵循这个原则，很多工作阻碍就会迎刃而解。好钢要使在刀刃上，最高效率要放到最重要的事情上。

一次我在安徽的一次讲座上，提到什么是重点时，要求在座的学员试着举例子，一位白领女士说：“我的女儿今年三岁，有一次领着女儿去游乐场玩，与我们同行的还有同学一家三口，同学的孩子今年也三岁，是个男孩。途中我女儿拉着我说：‘妈妈我想要漂亮的棉花糖。’同学听到立马夸赞女儿聪明伶俐，一句话主谓宾俱全，还有修饰词。回过头问自己的儿子要不要，儿子拉着她的手说：‘妈妈，糖糖。’同学立即嘟起嘴，嫌儿子语言不够华丽，说话不完整。但在我看来，同学儿子说话言简意赅，没有过多的修饰词但是直接说中了想要的目标，这就是抓住重点。”

3. 抓住重点很容易，就是最简单的指令和最简单的执行

很多人习惯追求过于细微和烦琐的指令，使之在执行时效率低下。接到简单的指令后，还要注意抓住重点去执行，在强调其他事情和原则上花费过多的时间和精力，讨论的结论并不能为需要执行的工作节省时间，反而将高效的工作投入到非重点事情上而耽误时间。

我曾经遇到过一位这样的老板，他为人非常细致，在公司对员工要求也很严格，我出差到他那里时，他正在主抓员工迟到问题，他的公司在写字楼的19层，写字楼大厅有8部电梯可以到达他的公司，所以他很不理解员工为什么总是迟到。于是他开始更换公司的签到设备，在一楼大厅配置了一套指纹识别系统，这样一来就避免了员工互相代替打卡。但是他准点坐到办公室的时候，还是有一部分员工没有出现在他的视线里，面对严格的管理制度，员工依旧我行我素让他很是愤怒，但是月底考核居然很少有人有迟到的记录。

我去过两次他的公司，发现一个问题，他每次都将车停在地下车库，然后在那里直接乘坐电梯到达19楼，直通地下车库的电梯通常是贵宾使用的，硕大的写字楼能拥有地下车库的绝对是少数，所以能行使方便的就只有一小部分人，而大部分员工每天要在楼下排队等候分乘大厅的8部电梯，毕竟19层的高度要徒步爬上去也需要一定时间。重点是他将签到设备设置在了一楼，员工进入写字楼立即进行识别，通过后开始等待电梯，由于身份识别完成，员工准时上班，就不急于挤电梯，导致时间拖延，有时候进入写字楼十几分钟还不能到达公司，更别提进入工作状态。

针对这个问题我找他谈了谈，建议他把指纹识别系统从一楼搬到公司门口，虽然改设备有些麻烦，但保证可以杜绝上班的时间差。他听完我的建议也是恍然大悟，一味要求却没有找到原因，花费精力和财力监督工作时间，结果在关键问题上出现疏漏。自从改变打卡地点后，员工只有到达公司门口才能进行指纹识别，为了不迟到，就自动自觉的提早一些进入写字楼，避开上班高峰期，以免乘坐不到电梯。这样一来不仅没有人迟到，反而到达公司的时间更早了。

这位老板问我如何避免在不重要的事情上投入过多精力，将最有效的执行用在最有用的工作中。我让他在纸上写下明天需要做的事，当他列出次日安排后，将模棱两可的事和无须他亲自做的事去掉。最后剩下的事情按时间紧迫度和重要程度标好序号，明天就按照序号完成这些事，即使只完成了一项任务，也不要放弃，因为你每天都在做最重要的事，坚持用这种方法给自己安排工作顺序，不断提高自己的工作效率，无论是管理者还是企业员工，都可以参照这个方法进行日程安排，当你没有足够的精力和把握去完成所有事的时候，就选择最重要的事去完成，并且不断加快自己的办事效率，这样就能实现最高效率用在最有用的工作上。

制度简单，管理就不会那么复杂

企业制订的制度越简单明了，管理起来也越方便。能简单的时候就不要复杂，烦琐的条例并不能证明制度制定者的能力和深度，反而暴露你的无能和不自信。一条指令可以完成的任务就无须反复下达更改指令，一步到位的制度不仅能够彰显领导者出色的才华，更能为工作节省时间。员工消化、接受、执行指令，都需要一个时间过程，如果能够下达一个简单明了的指令，员工在接受同时立即明白工作目标，就能立刻对工作进行分析，在快速分辨后立即投入工作。如果员工在接受任务时反复思考管理者下达指令的意义，在执行过程中反复怀疑和验证自己的判断是否符合标准，执行方向是否正确，不仅影响完成质量影响速度，还会造成不必要的麻烦。

会议型管理者喜欢召开会议，将公司面临的问题，事无巨细，都要在会议上讨论总结，询问大家意见再作最后决定，有时参与人数越多，对事情的分析和角度就越多，对最终判断增添过多负担。

管理制度在会议上宣布时，最好不要超过两页A4纸，尽可能的使用简短准确的文字说明，内容越有力越实用越好。在安排具体工作时，要说清工作所需注意的要素、战略部署和终极目标，务必做到让员工明确。

我接触过在中国的一家韩国专业摄影公司，下面简称P公司，不同于我国的大规模影楼，作为一个专门从事摄影的公司，很少发展到如此规模。我所谓的规模并不单指企业的财力支撑。大部分的韩国影视剧中，P公司都参与一部分影视制作，这在我国是绝对不存在的，不是影视公司而是摄影公司，想参与到影视剧的制作是很困难的。

但是P公司的整个管理，也是我前所未见的简单明了，尽管他们具备专业的剪辑团队，却从不插手视频剪辑工作，只作相片宣传，主角定妆照宣传等。P公司的经营理念很简单，就是为顾客提供最满意的摄影作品。公司内部绝不允许越级越部门参与制作，每个部门都有专门负责的工作，并且不与其他部门重叠。公司主要分为两个部分，一部分励志于影视方面的拍摄，另一部分着重普通大众。一切工作都以简单便捷为宗旨，大多数国内影楼需要经过预定、拍摄、选片、后期制作、成品等一系列过程。这其中还要经历多次修改，影楼、摄影师和顾客之间常因为想法不同，反复在相片上进行改动。P公司一切以顾客为基准，从选择背景、模版到拍摄，都由顾客实现选定，与接待者商榷好风格后进行拍摄，杜绝边拍边改或者想法不统一造成的负担。

在公司制度管理上，P 公司提出会议绝不超过半小时、工作绝不带回家、做好本职工作后再来提意见。管理者绝不在会议上占用员工过多的工作时间，总结性会议针对问题直接严明，杜绝自我反省自我检讨的过程，有错误无论老板还是员工，只要一句话能够指出，就可以获得奖金，凡事拖拉也会被立即辞退。

1. 在整个企业中，员工都充分诠释自己的职务，术业有专攻，各环节效率都高的情况下，整体效率也随之迅速提升

企业内部绝对不会出现超出摄影范围内的活动，一切任务都围绕公司业务展开，有人曾建议 P 公司开展摄像事业，发展成全面的进入影视圈的文娱公司。面对韩国影视内部的激烈竞争，尽管利益是空前的，但是竞争和压力也是绝无仅有的。P 公司立志在摄影行业做出自己的品牌，不会轻易扩展其他相关业务，保持企业的单一牢固基础，稳步发展才是硬道理。

2. 有时候在制定管理制度时，管理思考过于复杂，将制度筹划得过于紧密

有时员工还未想到的事情，公司管理者就提前预防写入了管理规定中，反而给员工提了醒。如果能够确保员工热爱本职工作，全身心的投入到工作中，企业又何愁员工迟到、拖延等弊病。

要求的过多有时候也会产生负面效果，防患于未然很重要，但是企业管理不要裹脚布一样的明文规定，与其让员工花费精力了解企业的规章制度，不如强调企业的执行力和行动速度，让员工的积极性调动到最高点，鼓励员工的工作热情，主动自觉的力量在任何时候都远远大于被动从迫的力量。

3. 很多企业在面临庞大的业务，纷繁复杂的流程时，总是觉得力不从心，不仅老板觉得吃不消，员工工作起来更是身心俱疲

由此，究竟是企业能力不够，不足以胜任业务，还是设想太多反而被习惯性思维禁锢了改变的脚步。如何使复杂的事情变得简单化，找到其中的重点，直击要害来个快、狠、准。有时候问题不是挡在前面，而是想在前面，员工执行时总是受到这样那样的管理条例限制，制约着执行的效率。阻碍没有发生之前就因为想得太多而停止了前进的脚步。围棋只有两种颜色，简单的规则就是包围对方。下围棋容易，但是下好围棋很难。就像是管理企业，想要管理好自己的企业，朝着一个方向高速发展，就好比在商场下围棋，如何突围获取最终利益，就要利用手里的一种颜色去对抗另一种颜色，不要去想过多的彩色干扰，只须在简单的规则面前实现各种路数的变化，抛开过多的束缚，要么包围别人，要么突出重围。

破旧立新，打破企业从未改变过的模式

现代的经济市场，已经从当初的技术改革升级到观念改革。科技的高速发展，先进的办公设备在一夜之间就能做到统一，速度并不是企业成功的唯一标志。在19世纪初期，只要生产产品速度能够赶超同行业就能取得成功，所以着重追求速度的提升，如何更快速的生产是企业面对的最大问题。现如今随着科学的普及，我国各项技术的发达，单一追求工具上的创新已经不能引领一个企业走向辉煌。

面对瞬息万变的市场，观念的大改革时代已经到来，作为管理者应该深思如何扩展自己的思维方式，怎样更加细微的了解市场经济体制。我国自加入 WTO 以来，为了适应世界市场经济环境，不断尝试着各种改革，

国家进行宏观调控，各企业也多次整改。比如合同制在中国已经得到了大量的普及，曾经的铁饭碗，一劳永逸的工作正在逐渐被淘汰。旧观念旧思想难以适应社会的发展，想在市场大潮中取一瓢水，需要技巧更需要头脑。

成功的管理者不要急于追求“企业应该做什么?”竞争如此激烈，企业发展举步维艰，此时不是做什么，而是找到阻碍前进的弱势，找到是何原因妨碍了企业的发展。曾经给企业带来辉煌的发展模式，如今是否依旧适用，怎样在企业内部进行最有效的改革。

美国大型连锁快餐集团，遍布世界600多个国家，拥有三万间连锁店的麦当劳，曾因为管理上的墨守成规给了对手可乘之机。在20世纪90年代初期，麦当劳的管理手册涵盖每家餐厅的经营标准，七百多页厚的手册，强调集团的快餐连锁店遵循统一的工作流程，一切活动都听从总部安排。每发展一家连锁店，都要按照原有的模式进行管理和营运，在统一标准高度一致的管理下，麦当劳曾击败对手，在世界快餐行业独占鳌头。

随着世界经济的发展，大规模的快餐公司崛地而起，1952年肯德基应运而生，以全新的经营理念迅速抢占了世界快餐市场，在全球范围内拥有了超过麦当劳的连锁店。肯德基面对变化的市场，应对思维转化的消费群体，不断尝试推出新产品，针对人们乐意挑战品尝新鲜口味的心理，笼络了现在的消费市场，收获了巨大利润。

麦当劳在应对市场变化时反应缓慢，一味遵守曾经创建辉煌的管理理念不愿改变。肯德基看准时机，继续推出不同消费层次的不同主题餐厅，快餐食品也从基础的汉堡、薯条、可乐加增到许多特色食品，为了适应各地区的饮食习惯研制迎合当地消费者的特色快餐，我国肯德基连锁已经将饭菜端进了快餐食谱，迎合消费者不断变化的口味。

肯德基的快速发展给麦当劳敲响了警钟，意识到危机的麦当劳闭门自省，在总部许可后，开始大刀阔斧的进行模式改革，摆脱了陈旧的管理模式，但同时崛起的德克士、吉野家等快餐品牌也在不断创新，与麦当劳、肯德基抢占快餐市场，麦当劳当年独霸的盛世一去不回。

管理者容易在改革问题上出现误区，认为只有出现问题的企业才要进行整改，而员工面对企业改革也往往处于回避状态，企业的整体改革必然需要员工的高效配合，不愿意改变习惯的工作模式，导致企业改革进程步履维艰。

管理者作为企业的领军人物，如果思维意识发展缓慢，观念意识落后，只会使企业停滞不前，当问题出现时，想要做出调整，也只能是模仿同类企业的改革之路照搬照抄。企业改革应该在事情未发生之前，将市场主动权掌控在自己手中，有能力进行新模式的尝试，做第一个大胆改革的人才能迎来企业的第二个春天，跟随别人的脚步只能寻到他人的脚印，并不能为企业带来光明。

当问题出现时，管理者寄希望于改革，希望通过改革的方式扭转企业的不利方位，殊不知病入膏肓再寻医治疗，华佗在世也无药可医。

所以，企业应破旧立新，采取措施，提高企业自身的发展：

1. 现在的管理者要有破旧立新的勇气，敢于打破以往的旧模式，大胆启用新策略

2. 有时变革未必立刻收效，要经过长时间的市场磨合，当应对的危机出现时，才能验证变革的重要性

图8-1 破旧立新

1. 现在的管理者要有破旧立新的勇气，敢于打破以往的旧模式，大胆启用新策略

改变管理模式的目的并不仅仅在于解除短期的燃眉之急，真正的重点是通过变革模式，让企业适应外界变化的市场环境，保证在激烈的竞争中时刻处于优势。企业能否处于优势掌握在自己手中，而是否能够处于盛世，就要看管理者变革的方法和力度。

2. 有时变革未必立刻收效，要经过长时间的市场磨合，当应对的危机出现时，才能验证变革的重要性

破旧立新的改革对管理者来说是需要勇气和毅力的。当企业处于稳定时期，管理者很难做出整个模式上的改革，正所谓有风险才有回报，不做尝试和创新也不会有发展壮大。而在改革的新路上，要经历磨合甚至挫折，管理者要具有强大的抗压素质，面对质疑和压力，依靠坚忍的毅力走好改革之路。

简单的制度更能激发心灵潜力

早在20世纪90年代，有人建议柯达创始人George Eastman将生产车间的玻璃擦得干净一些。这样的建议对柯达公司来说执行起来再简单不过，但是George Eastman在简单的建议背后灵光一闪，投入研发了透明胶卷，使当时的摄影进程又推进了一步。

George Eastman在简单的事情上发现了背后的意义，有时越是简单越能激发潜能，在表彰大会上，George Eastman对积极提意见的员工给予表扬，并建立了“柯达建议制度”。在此之前，George Eastman也没有想到一个简单的擦玻璃建议能够激发他的思维，使他联想到制作透明胶片，偶然发生的简单事件却为企业的未来发展起到了至关重要的作用。所以柯达的建议制度一直延续至今。

任何看似简单的建议和制度都有可能激发管理者和企业参与者的无限潜能，在思维的海洋里，有时候就需要简单的提示，才有更活跃跳动的思维碰撞。George Eastman 没有想到一个简单的建议给公司带来的绝妙灵感，更没有想到他提出的建议制度，成为日后发展企业追逐效仿的对象。

柯达公司提建议的方法最为原始也最为简单，在公司的走廊里，随处可见的意见箱和罗放整齐的意见表，不需要赘述，只要写明每个人对企业的建议，意见表一定会送达到专门负责处理建议的部门，秘书将不同的建议进行分类，分送到各部门进行下一步审核，立即作出处理，很多小事上的意见整改，平时看起来最为简单，也最容易被忽视的环节，在提意见人的建议后，被各部门积极采纳，列入企业改革的新环节，柯达就是在不断的内部自我更新和改革中越做越强。员工也因为建议处理受到表扬，从另一个层面增加了企业的凝聚力和员工的向心力，员工为了自己的利益更乐于为企业提建议，当有用的意见被管理层采纳并实施，就意味着自己将有不错的收益，同时公司也在向前不断迈进。

对于不被采纳的建议，管理层也不会置之不理，在核实后立即对提意见的员工进行口头或书面形式的回复，并且明确提出回绝意见的理由。如果建议人对回复不满意，可以要求对建议内容进行试验，厂方会从旁协助以证明建议对企业发展无价值。据统计，从“建议制度”执行日起，公司已经收到来自员工的 180 万条建议，其中被公司采纳进行改进的有 60 万条以上。每年员工因提建议而获得的奖金达到 150 万美元以上。柯达公司曾因员工提出印刷纸进价过高，希望更换合作伙伴的建议，改革生产了供儿童使用的迷你相机，当时每台仅售1美元，在短短的一年里就为柯达公司带来了1850万美元的收益。公司为了奖励提建议的员工，颁发了价值350万美元的奖金。

柯达看似简单的建议制度为企业省下了不必要的支出，也给公司带来前所未有的突破，在建议中迸发的灵感一个接着一个，管理者乐于听取员工的建议，常在建议中想到更为准确、更为有用的管理方法。员工每天接触工作中的细致环节，是企业中对产品最有发言权的人，认清这一点，并且有效的执行，将简单的建议制度延续至今，才成就了如此辉煌的柯达公司。

然而，辉煌总是短暂的，在2012年美国时间1月10日，柯达公司正式宣布将进行部门重组，砍掉成本，协助公司渡过难关。随后，其股价一跌再跌，甚至面临被取消上市资格的窘境。

我们看到，辉煌在柯达，失败也在柯达，抛开其他客观因素，美国一家资讯管理公司曾分析称“柯达公司是一个行动缓慢的巨人”，正是因此导致了最终的惨败，使成功持续百年的神话瞬间破灭。

所以，当今企业引以为戒的同时，更应该去粗取精，去伪存真，在总结柯达失败原因的同时，也要结合其辉煌的历史，学习柯达公司在发展鼎盛时期的宝贵经验。例如，在制度方面，其他企业在实施企业制度时，也要遵循以下几个原则：

1. 制度在企业管理真正有用

任何规定和制度的确定都要注重它的实用性，如果一条规定旨在约束企业中的某一人，对大多数人不起任何作用，规定对于员工形同虚设，那么这条规定就需要立即整改或解除。没有实用性和价值性的规定只是白纸上的废话，比方企业要求员工自觉加班，如果工作能够按时完成，员工根本没有加班的必要。强迫员工“自觉”加班只会造成员工的负面情绪，形成为了加班而加班的工作态度，在正常的工作时间拖延工作，将可完成的工作任务放缓至加班时间完成。这一制度对企业就没有丝毫的推进作用，加班是在任务紧急，无法完成时，员工与企业达成共识的前提下进行的工作时间。企业要求的加班必须支付员工额外薪酬，如果因为员工个人原因无法顺利完成工作，公司同样可以采取扣薪降职等处理方法，面对危机时员工会自行寻找解除危机的办法，比如加快工作效率，提高工作质量，自愿加班等。

2. 不给制度设置过多的限制

制度从制定到执行，都要简单明了可实现。不要为了实现制度或完成制度而花费多余的精力。企业管理制度的束缚越多，越不利于员工的执行速度，也不便于管理者轻松管理。所以越是简单越能反映出根本问题，多余的阐述和过分细致的描述无非是画蛇添足。

3. 制度要围绕企业核心

制度的制定也需要细心筛选，不是所有有力的制度都适用于任何企业，当管理者借鉴学习其他企业的制度时，要考虑自身的条件因素，不能一概而论地管理员工和企业。化学物品研究的企业要求员工在工作室着统一的卫生服装，一是避免细菌干扰化学实验；二是防止化学污染侵害员工身体健康。所以此项规定不仅需要而且是必需的规定。但对于经济金融类的公司，照搬照抄，要求员工着统一卫生服装，就是多此一举。

从事金融证券人员长期在办公楼里工作，坐在写字台前，宽大的卫生服明显不方便。没有有毒物品的危害时，企业购买卫生服也是额外开支，这样的制度适合化学物品研究的企业，但对金融公司毫无用处。这就是制度要围绕本企业的特色和特点进行制定，打造一套适合自己，属于自己的简单化管理体制，才能在使用中激发无限潜能，创造更多的财富。

官僚主义制度要不得

谈起官僚主义制度不禁让我想起一则笑话：

某小偷团伙为了迎合“市场”机制，也成立了自己的企业，并且设立了不同的管理结构，按层按级开展业务。企业第一层是小偷公司的老板，即“董事长”。第二层是协同老板共同管理公司的“总经理”。第三层是总经理手下各部门的负责“经理”，如把风部门、掏包部门、公关部门等。在各部门内部还有具体的分工，分为不同的组别，每组自然要设置相应的管理组长，这是企业的第四层“管理人员”。成熟的小偷偷包技术熟练，自然要培养一部分徒弟，就是企业的“新员工”，所以成熟小偷成为第五层“管理人员”。

一次新员工在“放风”时发现势头不对，整个公司已经落入了警方的视线，警方正在积极准备全面抓捕。新员工按照公司的管理制度向上级反映情况，写了一个申请交予小偷师父。要求上级领导批准，更换偷盗场地，暂停一切活动，避开警察的搜查围捕。师父看后觉得徒弟的意见很正确，现在进行盗窃的确风险过大。立即批复同意，然后在申请上画了一个圈。将申请交予了组长审批，组长看后跟其他小组研究后，也在申请上画了一个圈表示同意。然后又将申请转交给了“部门经理”批复，“部门经理”正在商讨更新的偷盗方法，接到申请后仔细分析了一下现有“市场”，随即在申请上又画了一个圈，交给了“总经理”。

一般意见能够交到“总经理”手里，基本可实行的概率很大，

“总经理”在仔细阅读后，看了看三层“管理者”的批复，便在上面画了个圈。带着四个圈的申请找到了“董事长”，“董事长”文化水平不高，但偷盗技术绝对一流，在“总经理”面前不愿承认自己看不懂，拿起申请左看右看，想了半天，提笔在“总经理”的圈旁边画了一个圈。笑呵呵的转头对“总经理”说：“意见提的不错，同意到奥运会去偷！”话音刚落，警察冲了进来。

简单的笑话揭示了官僚主义的管理模式在任何组织中的危害，一级管理一级的审批制度，虽然做到了审核的严格和细致，同时也出现了在处理问题时浪费不必要的时间，烦琐复杂的层级管理就像埋藏在企业内部的定时炸弹，一旦遇到紧急危机，缓慢的升级批复，浪费了第一时间处理危机的最佳机会，就会威胁整个企业的效益。

官僚管理制度如同现代企业管理的脚镣，紧紧套住了企业快速决策的脚步，在市场经济迅猛发展的今天，机会很有可能转瞬即逝，这点在金融证券行业体现得尤为明显，股市开盘到收盘只在弹指一挥间，当有效的消息不能在第一时间发挥作用，难以预估的经济损失也就随之而来。也许在一般销售宣传型的企业里，高效的信息执行反应的还没那么明显，因为时间耽误执行速度带来的危害还没有暴露出来，只能说明企业发展还停留在老套路老模式的框架里，没有在世界经济体制中充分迎合市场。

1. 官僚主义的层级制度在早期的企业发展模式中被信奉为最正确的管理制度

在当时的市场体制下，官僚制度也很受用，然而随着现代经济的不断变革，很多仍然坚持官僚主义管理制度的企业被其特有的吹毛求疵、审核严格、书面形式、纸上谈兵等特点捆绑住了前进的脚步。不但在面对激烈的市场竞争中无力应对其他企业的打击，对于企业本身显现的危机也有心无力。如果不进行根本上的改革，摒除官僚主义管理制度，企业只会在市场潮流中越退越远，慢慢消失在人们的视线里。

现代企业内部管理机构逐渐改革，从原来的单一管理演变成综合管理，企业的决策由董事会商讨决定，并不是听从一人指挥，独断专行的时代已经过去。从法律的角度看，公司的最高职位人是股东大会的董事长，但制定行使制度是由整个股东大会的成员股东共同完成的。即便是最大的股东想要进行一次改革，需要在股东们的共同商讨后，多数同意，得到超过半数股份的股东们的同意才能够实施。

2. 在发展阶段，企业管理制度讲究功效和合理性

股东大会逐渐升级成为必不可少的企业管理机构，不仅代表拥有股东的个人，同时代表集团依附的组织力量。企业的成败关系着每个发言人的根本利益，在风险过大或市场调查不明的情况下，绝对不会因为某一人的一时冲动使公司面临风险。而统一商讨的股东大会制度，也比原有的官僚主义制度在执行决策时更为省时，并不一层一层的传达意见，避免了意见在不断传达过程中被扭曲，改变原有意图而得不到理想回复。

美国曾经一度在世界经济领域处于霸主地位，而在 20 世纪七八十年代，美国的霸主地位遭到了来自欧洲及第三世界国家的挑战。撼动美国霸主地位的因素不仅仅是其他国家的技术高速发展，逐渐追平甚至超过美国，更重要的是美国企业的管理制度在变幻的市场中，没有及时做好改革，其他国家对美国管理技能的冲击加速了美国企业的萧条。在新的竞争形势下，企业的成败在于是否具备迎合市场的新型管理制度。

企业内部设置过多的管理阶层，真正为企业谋利的工作型人员越来越少，官僚主义制度在不断商讨政策时，如果能够大刀阔斧地改革，将更多无用或可替代的管理人士转化成有能力有技术的工作人员，企业很有可能在市场大潮中重新扬帆，迎风起航。

好执行在于人性化制度

在最近红极一时的招聘节目中，主持人遇到了一位特殊的应聘者。这是一名转业军人，之前就职于某军区，负责后勤工作，主要工作内容是负责东北三省内对口单位的业务工作。

面对转业后的重新选择，求职者希望找到一份适合自己的工作。当求职者与主持人谈论到关于军人的执行能力时，求职者义正词严地说："军人的一个特质是忍耐。但忍耐并不意味着军人失去了反抗的权利，我具备斗争的能力，但不选择斗争。军人对首长领导的命令本着坚决服从的原则，即使对命令不理解不明白，有时甚至违背自己的意思，但一样要执行。用部队的话就是：坚决完成任务。至于意见我们采取保留态度，可以向上级领导汇报反映，但汇报的同时，仍然要服从命令。在工作中也是一样，有些事我觉得不对，但因为是领导安排下来的，我一样会去做。这就是绝对执行。"

在解放军队伍中培养出来的对任务、对命令的绝对执行，是一名军人素质和能力的体现。当这种执行力投射工作中时，如何将军队的绝对执行转化成最有利于企业的执行能力，即使怎样获得最好的执行，需要企业合理的人性化制度。

制度是支持执行的有力保障，强有力的执行要建立在全面良好的管理制度之上，严明的纪律是管理军队的管理制度，职场不同于军队，企业老板对公司的管理需要走以人为本的人性化管理制度。

采取人性化管理的原因很简单，企业的工作组合由基础的工作人员组成，管理企业更进一步就是对人员的管理。在管理自由灵活的职场人员问题时，就要走人性化合理化的灵活策略。

我国军队在对越自卫反击战中曾频繁遭到敌军偷袭，越南军人不穿鞋，光着脚走路没有声音，悄悄地潜入我军阵地，不采用枪支，而是配备手榴弹，这样就不会因为开枪而暴露自己的位置。受制于越南的我军制定了新的制度，就是“不动”。军人发挥坚决服从的能力，即使被打伤了也保持一动不动，每当遇到行走或者站立的可疑人员就进行攻击，一举击破了越南军偷袭的目的，在未对我军进行破坏之前，就将越南军击败。

1. 军队展现的“一切行动听指挥”不只是一句口号，而是真正的执行

培养军人的觉悟，提高常识性知识，将制度作为执行的强大后盾。很多企业容易出现一种很奇怪的现象，当企业没有制度时，管理者挖空心思想制度；当有了制度，又形同虚设执行困难。正是因为这样的原因导致企业的无序运转，工作效率低下。

2. 将人性抛开在制度之外的执行，是无效无用的

任何一家公司和企业最终的服务目的都是便于人类更好的生存。在企业内部管理制度上就要保证制度的人性化，有人认为制度如果太过人性化，很难管理好企业的人，也不利于事物的发展。我想说这样的企业只能发展到基础层级，企业想要做大做强，人为力量必定在事物上起着绝对作用，想要员工高效地执行制度，军事化的管理只能给员工带来更多压力，久而久之拖垮企业。高效执行的企业才是最有竞争力的企业，才能在市场中分一杯羹。

我在东北做企业考察时，曾经遇到过一家这样的公司，主要经营家具产品。因为经营不善，企业一度面临破产危机，就在最后关头被一家韩国企业收购。企业的工作人员都在担心被收购以后会不会面临裁员，不同的管理者会在企业做怎样的改革，中国员工能否适应韩国做法？所有疑问在一年后得到了解答。

前期韩国只派来几名人员，分别安排在企业各个重要部门，针对原来的管理者的失误做具体评估和分析，总结过后带着自己的团队回到韩国，生产技术和生产设备没有任何改变的情况下，韩国第二次派来了大批管理人员，针对曾经出现的问题进行自我检讨式的改革。公司的韩国老板总是谦逊地询问员工，对公司是否存在不满，有什么公司可以为他们做的。一次技术人员 Tom 的衣服上不小心沾上了咖啡渍，由于是在上班时间，需要穿着统一的工作服装，Tom 只好等待下班后再处理。老板的夫人看到 Tom 的衬衫后，主动送来了一套新的工作服，替换了沾有咖啡渍的衣服，并亲自动手帮员工洗衣服，这一举动让员工大为震惊，要知道在中国，老板娘给员工洗衣服的事情闻所未闻。

无疑韩国人士的注入给企业带来了一股人性化的风气，员工为了感谢老板娘对自己的照顾，拼命地工作以帮助企业保持业绩。员工的情绪带动到整个企业氛围中，大家对企业的新制度非常满意，觉得如何为自己利益考虑制定的制度非常人性化，这样的企业值得员工为它效力。就在短短的一年时间，没有更改任何生产工具和设备，企业却从亏损扭转局势成为赢利的鳌头企业。

每项政策和制度都要依照人来确定，更需要人去执行。在员工利益得到维护和尊重时，员工自然自觉遵守纪律，严格要求自己按照公司制度办事，因为这样能够给自己带来便利。有了员工的主动执行，速度提升效率自然跟着提升起来。

第九章
策略六：不拘一格用人才，让内部组织简单化

无论身在企业的哪个阶层，所属的职位高低，员工在工作上的努力都希望得到认可和鼓励，没有人拒绝企业对自己的肯定和尊重，被关注、被需要是员工在职场中生存和发展的依赖点。

当员工对工作失去乐趣和信心时，管理者需要张开发现问题的眼睛，分析员工失去兴趣的原因，找出工作效率低下，执行缓慢的根本原因。是员工不具备完成任务的能力，还是工作表现被管理者忽略。

员工的能力是可以经过后天培养的，工作热情也可以循环再造。没有一无是处的员工，只有不会分配的管理者。知人善任的能力是考量领导管理能力的标尺。这就是所谓的千里马常有，而伯乐不常有。

任何企业组织内部在用人时，作为管理者都要明确知人善任的重要性，在其位谋其职，将有效的人才调配到最适合的岗位，在企业形成“1 +1 >2”的人才组织形式。

现任“夭折”，下一任怎么办

“储备干部”正在一步一步走入我们的眼帘，储备干部的意图就在于确保企业拥有合适的继任者，培养和选拔继任者对企业持续发展起着重要作用。企业在培养继任者的路上需要注意以下几点：

1. 精力充沛，冲劲十足

如果现任者有能力又有精力，继任者则不能发挥作用。现任者在能力不足或者由于年纪、身体等因素无法负荷现有的工作强度时，继任者积极准时的替补上位是减少企业损失的最快方法。所以继任者要时刻保证具有充沛的精力，如果继任者同上一任如出一辙，精力或能力不足，对企业的推动性帮助不大，更换职位，重新整理职务关系就显得多此一举。并不是说老员工没有继任的机会，但是我更愿意建议企业多多培养具有潜力的新人作为继任的候选人。

2. 能够适应急速变化的市场，不畏惧新一轮的挑战

更换人员就是为了企业更好更快的发展，有拼劲有闯劲的继任者在上任后容易迸发更多的先进思想和整改理念，正所谓初生牛犊不怕虎，新人的冲劲就是不计较失败的压力，敢于迎接挑战。老员工培养成继任者，容易出现稳中求胜、保住颜面等保守思想，阻碍了专研新发展线路的脚步。为了确保自己的位置，做事瞻前顾后，辛苦赢来的职位不舍得轻易失去，就会过分的小心翼翼，不求有功但求无过的继任者是失败的。

3. 工作态度认真，人际关系平稳，时刻保持心态坦然

靠人脉、靠奉承得到继承者位置的人，在未来企业发展路上，只会对领导阿谀奉承，对员工阳奉阴违。继任者要坦然地与企业人员打交道，以平和心态面对自己的升职或者工作调动，不能被一时的受重视的喜悦冲昏头脑，在新问题决策时，因为一时得意就一意孤行，提升这样的人只会使其在信心膨胀的情况下干扰企业改革。选拔人才需要管理者擦亮双眼，确保选出有能力的人员，再进行提拔，同时做到将适合的人放置在合适的岗位上，切忌焦躁自大的继承者。

谁都不会知道世界经济下一步会发展成什么模样，我只确定它不会停留在现在的阶段，无论面对何种问题和困境，经济体制都会不断的发生变化，发展速度会不断加快，信息化会扩展到每个角落，无处不在的信息化时代已经到来，就我自己而言，我现在的工作不仅比原来加重了数量，速度也比原来提升了三倍之多。

Jack Welch 是全球最佳的 CEO，在美国通用电气公司任职的 20 年，Jack Welch 不断改写着自己管理上的神话。他曾是通用电气公司最年轻的 CEO，在 2001 年 4 月，他宣布退任，Jack Welch 管理通用电气公司的时代自此告一段落。2001 年 7 月，经过董事会的投票，一致通过选择 Jeffrey Immelt 成为美国通用电气的第九任董事长兼 CEO，当时的接班人选举不亚于总统选举，备受大众关注。

Jack Welch 在通用电气的最后一刻也没有忘了接班人的选择，将挑选超越自己能力的接班人作为重要工作，利用 6 年多的时间在通用电气开展漫长而复杂的挑选，从最初的内部挑选原则开始。候选人的筛选成为 Jack Welch 后期工作的重中之重，是他每天第一件思考的事情，也是伴随他进入梦乡的事情。

1994 年董事会发展管理委员会初步敲定了 24 名候选人，24 人分别被分配到“现成人选”“竞争者”和“候补人选”三个组中。Jeffrey Immelt 当时被分到候补人选组，在漫长的考验过程中，除了考察每个阶段的个人业绩，还要在不同场合考察他们的处事能力，越来越多的人在考验中被淘汰出局，还有人没有坚持到最后，自己选择辞职或跳槽，主动放弃了绝好的机会。

最后将在三人中选出一名作为下任CEO时，董事会决定让他们离开自己的岗位，在离开之前培养并挑选自己的继承人，完成工作交接，为工作画上了一个圆满的句号。在这项考验中，Jeffrey Immelt主动尝试不同的职位更改，同时积极培养有能力的接班人，经过几年的磨砺后，他熟悉了整个电力公司的组成系统，为自己日后接任打下了坚实的基础。Jeffrey Immelt在培养出优秀的接班人后离开自己的职位升级到了美国通用电气公司的执行总裁。

可见培养接班人对企业的重要意义，有培养接班人的能力是被领导重视的原因之一。不能在急需人员的时候慌乱选择候选人，接班人决策失误直接影响公司的下一步走向，许多著名企业在候选人的选择上不怕花时间和精力，意在选拔优秀的管理者。在没有实践证明之前，任何接班人的选择是否正确都是未知数，只有在长时间的考验面前，从开始一路坚持下来，通过层层考验的人员才能胜任更高的职务。

完美的接班人计划包含理性、感性、政治运作等多种复杂考核元素。

1. 要列出候选人的选择标准

在符合标准的人里进行下一步挑选，不能盲目在整个企业大海捞针似的寻找下一届领导，只有符合候选人要求的人员才有资格进行选拔，是为了在节省时间的前提下不错过优秀人员。

2. 要评估候选人的接任时机

有的企业与员工的雇佣关系是合同制的，候选人在当任时合同到期，具有跳槽和辞职的风险，企业就可以避免过多的精力投入，避免帮别人培养企业的接班人。

3. 衡量接班人的个人条件

接班人的个人条件包括接班时间，自身年龄，个人形象等。最重要的

图9-1　完美接班人计划

是考核接班人与现任管理者是否存在任何关系，这种关系是否干扰了现任管理者的判断能力。挑选接班人要看其是否有胜任管理者的贤能，而不是看他是否和现任管理者的关系过硬，“皇亲国戚”未必是企业管理的好手。

4. 毫无预期地交出权力的棒子

交接的时间不确定，能够在一定程度上阻止中途想要干扰现任接任的意图。确保在公正、公平的情况下行使最后的权力。

和“家族成员”划清界限

家族企业作为古老而短暂的企业形态，通常作为企业创建之初的固定发展模式。从家族企业的发展之路来看，企业的生命周期一般难逃“富不过三代”的厄运。

曾有人针对家族企业传承对企业发展的影响做过调查，发现家族企业平均寿命约为25年，基本与企业创始人的平均工作时间持平。家族企业中只有不到一半的企业能够顺利传到第二代手中，在第三代的传承时，企业降低为17%。在私有制的经济体制下，家族企业的存活寿命就更加短暂，从我国的企业中可以看出，家族企业能够持续发展的并不多。

杜邦公司是由E. I. du Pont于1802年建立的大型化学公司。杜邦公司最初的发展模式就是典型的家族企业，E. I. du Pont去世后企业转交到了他的三个孙子手中。从1802年创建至今，杜邦公司在全球70个国家拥有经营业务，员工人数高达7.9万余人。作为典型的家族企业，杜邦公司为什么能够保持住发展的脚步，在世界市场中兴旺发展，是因为杜邦家族的所有成员，想要参与到家族企业当中，必须遵循从基层做起的规则。经过五六年的基层学习，由家族领导者根据工作表现做评估分析，通过考核的家族成员才能得到升职的机会，如果未能达到家族制定的标准，会毫不留情地将其请出公司。

家族企业的频繁出现从另一个层面反映了其存在的合理性。家族成员作为企业的经营者，同时参与分配剩余价值，这就确保了家族企业的动力十足。

最重要的是家族成员之间形成一个团体，关键时刻能够联合对外，在沟通交流方面也有着绝对的简单便捷。家族成员在企业管理观念上容易实现统一的认同感，同时也背负了对企业负责的神圣感。出于义务管理意愿的家族成员，在劳动付出和经济回报时，不会过多的要求自身报酬，这在一定程度上降低了企业的交易费用。

家族成员的生存依附家族企业，所以在管理时就会更为谨慎和勤奋，因为一旦出现失误或者道德上的纰漏，就会被家族踢出企业，这种压力会敦促家族成员自觉规范自己的行为及意识。

伴随着家族成员对家族企业发展的不利之处，家族企业的内在缺陷也尤为明显，尤其企业面临扩大发展，需要做大做强时，家族企业的弊端就会禁锢企业发展。

1. 任何企业在创业初期，面临规模小，资金不充足等困难，形成核心成员由血缘或亲缘的人员组成

创业者在企业扮演的角色如同家族的大家长，在绝对权威的领导下可以帮助企业在创业阶段稳步发展，在利益划分时矛盾不会太尖锐，强调亲情原则，服从家长分配便于协调企业内部矛盾。

2. 企业得到有序发展后，需要扩展规模，问题也就随之而来

管理上的复杂化，产品功能的多样化等，需要更多的人才解决发展上的问题，企业对高级人才的需求量增加，家族企业的弊端就暴露出来，在一个家族内部不能保证人员的高水平程度，当家族成员无法应对市场需求时，就会阻碍企业的发展。由此可见，人才是家族企业发展的第一瓶颈。

3. 企业的机制和体系在发展过程中需要不断完善，良好的企业文化，规范性管理制度，都是保证一个企业持续发展的必要条件

家族成员之间容易受情感影响，缺乏应有的监督和反馈，在处理工作任务时不能确保绝对的公正，对于其他企业人员来说，绝对的家族成员管理也是不科学、不民主的。

家族企业选拔人才的范围被局限，就使很多有志之士失去了竞争的机会，一个有能力的员工在企业生存永远看不到曙光，无论自己能力多么出众，也无法得到企业的最高认可，永远扮演打工角色会削弱员工的工作热情，没有奋斗目标的努力是白费力气，非家族成员的工作积极性被挫败，一是放弃争取，二是选择离开。无论哪种结果都是企业人才的损失。

面对家族企业发展瓶颈，杜邦公司的家族成员意识到问题的严重性，在人才选择上放弃了古板的追求家族成员的管理模式。1967 年，杜邦公司总经理将职位让给了非家族成员 Mark。财务总监职位也由非家族成员担任，这对家族企业来说是前所未有的，公司的命脉部门由非家族成员负责是绝对大胆的全新尝试。这样的变革曾经遭到杜邦家族的强烈反对，但杜邦坚信变革的必要性和正确性，后来的发展也证实了这一点。管理阶层的大变革，不仅是经济利益上的变动，更重要的是非家族成员在管理上获得的地位。如果不采取变革，杜邦公司的外聘人员常有被歧视的感觉。让外聘的管理人员拥有主人翁意识，营造他们是企业主人的氛围，在工作时认为在为自己的事业出谋划策。

我国存在着很多典型的家族企业，其中不乏有做大做强的大企业。我了解的四川希望集团，是大规模的家族式经营的企业。在经过刘永言四兄弟十多年的开拓，希望集团发展成为我国 500 家大型私营企业的第一名，成为中国民营企业的佼佼者。但随着企业发展规模越来越大，家族内部的矛盾也爆发出来，1995 年刘永言四兄弟针对企业产权进行了分割，将原有的希望集团分为四个部分，在资产重组后，兄弟四人各立门户，成立了大陆希望集团、东方希望集团、华西希望集团及新希望集团。

家族企业并不意味着注定失败，家族成员也不一定是无能之辈，但在人才选拔和机制整改时，不要把目光局限在家族成员单一组合内。要随着变动的市场及时作出选取和舍弃，与家族成员的绝对管理权划清界限，由家族管理转变成家族收益，懂得手中的权利放任能给企业带来更多机会。

非正式团队同样重要

正式组织是有相同目标，内部结构划分明确，具备特定功能的行为系统。非正式组织是由美国著名管理学家 Mayo 提出的，指人在工作过程中通过情感、喜好、情绪等因素自然产生的组织群体，这种组织没有正式的规定，不受管理和行政的限制，自然涌现组织的管理者。这就是我们通常所说的公司或单位内部的“小圈子”。

W 食品公司的人事主管 Roger 非常生气，因为在对员工进行脱产培训的过程中，员工成立了非正式组织，其中的成员简直遍及公司的各个部门。

一天前，Roger 与非正式组织的资深成员谈话，商讨薪酬问题以及企业稳步发展的战略计划。谁承想资深成员拿出一份文件，直指 Roger 的鼻尖，指责公司在计划中对利润的索取大于发展需要，导致他们很多中层人士丧失升职机会。同时并不赞同企业的稳步发展策略，应该全面开发市场，投入新产品研发，设立分厂为员工提供更多发展机会。

Roger 打开文件，其中提到公司老总预计开发新的投资计划，但这项计划仍在孕育过程中，并没有对外公布，那么非正式组织是怎样得到这个消息的呢？Roger 在分析后确认泄露机密的人为经理秘书 Ben，并把他叫到办公室对质，Ben 毫不愧疚地承认是自己将机密透露给了培训的同事，并且他认为作为公司员工，大家有权知晓公司下一步经营计划。再者机密只在有限范围内流传，大家会对外界保密，并没有给公司带来任何损失。

Roger 听完 Ben 的话目瞪口呆，意识到非正式组织对企业的影响力，立即建议将 Ben 调离现有岗位，并调查非正式组织的其他员工，保证机密不会再次被非正式组织的人员盗取。公司的人员调整引起了非正式组织的反应，公开表示无论公司做任何调整，他们都会坚守自己的利益不妥协。Roger 说：“公司正常的人事调动跟其他人没有关系，也没有权力干涉公司权力执行。”

非正式组织的态度并没有缓和，反而更加强硬地与总经理直接对话，声称面对公司会采取新的应对政策，他们不能确保自己利益受损时，依然会保守公司机密。同时另外一家食品公司正在扩张，需要大量有经验的工作人员，如果公司再针对他们行使不公平的权力，他们将集体辞职。

面对非正式组织的威胁，企业管理者一时之间拿不定主意。有的人提出坚决开除这些人，公司不能被小团体要挟；有的人说跟非正式组织较较劲，让他们知道知道企业的力量，明确什么是员工的职责；还有人说不要过度激怒他们，以免泄露机密对公司不利。面对非正式组织的对抗，公司留也不是，弃也不是。

为了避免再次出现上述情况，有必要了解一下非正式团队具有的几个特点：

1. 凝聚力强

情感作为维系非正式团队的纽带，将团队成员紧密联系在一起，情感上的同趋性使他们相互依赖、相互信任，非正式团队成员之间的信赖感不受规则和制度的限制，自然形成一种强大的向心力。

2. 目标统一

自愿结合作为基础，就证明团队的成立是趋于成员利益共同点，大家的目的都是统一的，在行动上就容易形成一致。同时在问题上的看法一致，便于非正式团队之间的沟通，容易产生情感共鸣，强大的归属感带到团队中，呈现高于正式组织的优越性。

3. 信息传递迅速

不需要烦琐的汇报制度和审批制度，非正式团队之间的信息沟通通过最基础，也是最简单的口耳相传。在团队成员频繁交往，情感沟通帮助下，信息能够在组织内部高速传播，同时对信息的反馈也出现空前的一致性。

4. 覆盖广泛，形式灵活

非正式团队没有各种条款的约束，在组织人员上也不需要过多的考核培训，所以在企业内部容易形成网式结构，分布在各个部门并且紧密相连。即使是某一正式团队的成员也能成为非正式团队的一员，身份特点不受限制。

5. 团队领导者基础好

一般非正式团队的领军人物都是由成员推选或自然形成的，其他成员对管理者的产生没有异议，加大了团队管理者的影响力和号召力，形成一呼百应的强大局势。

6. 管理松散

非正式团队并不具备完善的管理制度，人员是相对自由的，也就形成松散的特点。通常非正式团队不会对企业造成不良影响，团队容易组成也容易被忽视，在企业没有变动和转折时，非正式团队与企业不会产生冲突。只有在利益的驱动下，企业侵占到非正式团队利益时，他们才会迅速紧密结合，形成与企业抗衡的强大力量。

忽视非正式团队可能给企业管理造成变革危机，在过激的情况下会让企业蒙受损失，为此付出不必要的代价。企业管理者需要多与非正式团队人员接触，了解组织存在的情况，将组织发展成为公司效力的正面组织。尽可能地接受并容纳非正式团队，不要通过强硬手段拆散非正式团队，强迫改变只能适得其反。

企业对非正式团队的接纳也要遵循应有的原则，非正式团队的意见要及时采纳，但不是一味符合。非正式团队通常以自身利益为出发点，所以企业在解决矛盾抱怨时，要培养成员全面考虑、抛开私心地站在公司的角度看待问题。还可以利用非正式团队的特点在企业内部宣传新政策、新制度，这比层级颁布要传播得迅速，也更能使员工接受。

“精简高效”让队伍不拖沓

企业中的各个团队，就像人身上的衣服，不仅要合身，还要上下搭配，用衣服修饰身材，通过人体展示衣服特色，即企业内各部门有分工又有合作。如何实现精简高效的工作效率，让指令从下达到完成都处于一个良性高速的执行范围内，就需要管理者多做整合，综合好企业与员工之间的关系，调整队伍的高效动手能力，摆脱行动上拖拉散漫对企业发展的影响。重视人员管理方法，不要被陈旧的思维和管理方式束缚，创意需要开拓思维，管理更需要奇思妙想。

保卫科的老科长即将退休，公司决定在甲、乙、丙三人当中挑选一人继任科长职位。就在考察过程中，企业突然发生了一场火灾，甲在发现大火后，奋不顾身地冲进去抢救公司重要资料文件，衣服险些被大火烧着，在甲奋力挽救下，公司的重要资料被成功救出火海，避免了一场不可预知的损失。

发生大火时，乙积极开展消防工作，组织公司成员集体灭火，第一时间拨打救火电话，在消防人员的帮助下，很快就把大火扑灭了，如果没有乙的快速行动，大火可能波及更多更广的范围。

在保卫人员的极力工作下，大火并没有给公司造成太多损失，老板连说他们是最称职的员工，要求其他员工向他们学习，并且及时给予奖励。老板奖励甲1000元，奖励乙800元。出乎意料的是，丙在公司发生大火时，待在家里，并未对公司作出贡献，老板却提升他为新的保卫科长，这令大家很不解。

老板说："丙与我吵了一架，火灾发生时，他正坐在家里生我的气。"

其他人更是一头雾水，与老板吵架还能受到提拔简直闻所未闻。

老板缓缓开口，解释说："那天丙向我反映公司消防问题，认为楼内存在消防隐患，要求我立即整改，但是我正忙于其他工作，让他再等等就回绝了他的建议，所以他一生气就回家了。如果我在第一时间听取丙的建议，对消防隐患及时进行处理，就不会有这场大火，公司也不会有丝毫的损失。虽然丙没有参与火灾抢救工作，但他的功劳是最大的。"

精简高效有方法，提前预防更重要，队伍中需要有危机意识的人，防患于未然才能确保整个团队在执行任务时减少阻碍，确保在迅速、有效的前提下完成任务，实现真正的高效执行。

美国经济学家Joseph在参加剑桥大学举办的舞会时，舞会有一项有趣的游戏。每个参加舞会的人都将获得20美元的免费筹码，在赌博游戏中以押注的形式参加，最终的胜利者可以获得明年舞会的免费门票。

Joseph运气不错，在最后一轮押注之前，他的对手只剩下一位来自英国的年轻姑娘。Joseph手中的筹码有700美元，而英国姑娘手中只有300美元，由于英国姑娘十分渴望得到免费门票，于是希望与Joseph求和。Joseph因为大筹码领先，自认为胜券在握拒绝了小姑娘的要求。

最后一轮英国姑娘破釜沉舟，将300美元全部压在3的倍数之上，获胜的概率只有30%，Joseph将全部的700美元压在了2的倍数上，获胜概率大约有50%。令人意想不到的是，30%的概率成功了，Joseph输个精光。

事后 Joseph 才恍然大悟，他并不需要比英国姑娘多赢，只要排名保持在第一就可以，他完全可以选择跟随战略，无论对手押到哪个数上，他都以相同数目跟随，就会确保自己稳赢不输。

由此可见，无论在工作中还是生活中，都要明确自己需要的是什么，针对目标采取不同策略，将损失降到最低点，实现利益最大化。当管理者与执行者产生矛盾时，不要因为对方处于弱势就强硬压迫，有时候弱势也是优势。解决管理冲突的好办法不是强者欺压弱者，而是适时的调整自己的策略，作为强者主动采取让步，与弱者协商妥协。

老板首先做出让步，拿出自己的诚意与员工合作，不要一直扮演高高在上的指挥角色，偶尔扮演一次企业中的弱者，让员工帮助你来完成任务，可以激发员工对企业的凝聚力，营造主人翁意识。同时也是让员工证明自身能力肯定自我的好方法。

看似让步服软，其实是对企业的侧面推动，是管理者的另一种灵活管理手段，可以节省在人员工作热情上的培养。过分注重理论灌输，不如实际工作中让员工自觉感悟。

精简高效地维持队伍执行力需要注意以下几点：

（1）行动迅速不拖拉

遇事总是先坐下来讨论对策，等商定好对策再行动很容易错过最佳的抢救时间。

（2）裁员是整改的有效方法，但一定要不留情面，一改到底

有时候企业在裁与不裁之间左右摇摆，造成内部人心惶惶，影响正常的工作情绪，从而导致执行能力下降。所以在裁员时一定要干脆，不能拖拉。

（3）更改生产技术，不让企业发展落于人后

科学的进步成就机器的飞速发展，任何机器的生产和运用都是为了提

供更高效的生产和更便捷的服务。所以在设备改进问题上，绝对不能瞻前顾后，管理上的简单也要依靠先进的生产工具。

不拘一格，知人善任

任何企业组织内部在用人时，作为管理者都要明确知人善任的重要性，在其位谋其职，将有效的人才调配到最适合的岗位，在企业形成“1 + 1 >2”的人才组织格式。

战国时期，楚国将军子发将具有一技之长的人才招揽到自己的麾下。一次，齐国攻打楚国边境，子发领命出兵，结果三次交锋楚国皆败，面对齐国强大的军力，子发无计可施。

此时，子发灵机一动，派人请来“神偷”，此人其貌不扬，但本领高强，曾被子发请为上宾。

夜幕时分，神偷在夜色的掩护下，偷偷潜入了齐军主帅的营帐，偷回了主帅的战靴。第二天，子发派使者将鞋送回齐军主帅手中，并对齐帅说：“我们的炊事兵在打柴时，捡到了您的战靴，现在特地前来奉还。”齐帅不以为意。

当天晚上，神偷再次潜入齐帅营帐，偷走了齐帅的枕头，第二天子发依旧派人送回。接着第三天晚上，神偷偷走了齐帅腰间佩戴的玉石，子发照旧派人送回。

齐军上下听闻此事非常惊慌，齐帅也觉得后怕，害怕地说：“如果我们不撤兵，恐怕明日子发就要派人来取我的人头了。”于是，齐军连夜拔营撤军，楚国不战而胜。

企业领导需要具备发现、发掘、发挥下属才能的能力，用人之道在于用人长，取得事半功倍的功效。团队的组成需要各式各样的人才，都是技术强手的人组成的团队并不一定能实现高效工作。合作中需要善于动脑、善于动手、听从指挥和逆向思维等各种条件。每个人都将自己最优秀的一面展现在团队中，用自己出色的才华为企业创利。

成功的管理者并不在于他能做多少事，有多少超越他人的才华，更重要的是能够清楚了解下属的自身特点，如何将员工的优点发挥到极致，同时又要避免员工自身缺陷给企业发展带来麻烦。

我国对外经济贸易部原副部长龙永图，在中国入世谈判时选过一位秘书，当时绝大部分人都觉得此人并不适合做秘书。作为秘书应该是勤恳任劳、细心谨慎、少言寡语，能够照顾领导体贴入微。但是龙永图的新秘书可是完全颠覆了秘书的要求，为人大大咧咧，又不会照顾人。

每次出国，都是龙永图叫他起床，告知他下一步行动安排。他之所以能够担任龙永图的秘书，是因为处于谈判焦灼时期，压力下的龙永图脾气暴躁，甚至当着外国人的面拍桌子或者一句话不说。这时其他人都不愿意自讨没趣，只有这位秘书在龙永图盛怒时，依旧大大咧咧地走进来与龙永图谈话，并且称呼他为“老龙”。有时候，当这位秘书出一些馊主意时，龙永图会劈头盖脸地指责他，他也不在乎，过几分钟继续跟龙永图谈论问题。

最重要的是这位秘书对批评指责不敏感，对世贸研究倒是十分热衷，在世贸问题上简直是入了迷一样。当龙永图情绪不稳定，难以听取意见时，只有这位秘书能够应付得了。所以在那个时期，这位秘书发挥的作用就尤为重要。

1. 把人才放在正确的位置上

人才身上没有标明记号，需要不断地发现和发掘，管理者要具备海纳百川的气魄，对不同的人才都要具有包容的胸怀，不要因为某些人存在的小毛病、小缺点就放弃了更为广大的益处。对人才的聘用不能掺杂个人喜好，也许你的下属有最为令人厌烦的习惯，但他的才能也许能使你的事业突飞猛进。

人才放错了位置，对管理来说就等同于职位上的垃圾。有时不仅对企业发展没有帮助，还会成为企业成长的阻碍。这就如同象棋中的棋子，"将""帅"作为企业核心地位的一把手，负责管理手下的"车""马""炮"，他们作为企业中各具特色的人才，要安置在不同的位置上才能发挥作用，强大的"车"放置在小小的"卒"面前，也会因为一步之差而损失惨重。重点是"卒"把握住自身特点，只能向前一步不能后退，面对眼前的"车"，只要发挥自己的特点，就能一举歼灭力量最强的"车"。

2. 学会运用手上的人才资源

无论自己的手下拥有多少勇猛的神将，再多的"车""马""炮"，主"帅"不会运用，车被卒吃，马别住腿，炮没有阻隔发挥不了功能，对手如果将士兵的特点发挥出来，也能够取得最后的胜利。

将适合攀爬的猿猴放到水中，它的行动能力不如慢吞吞的乌龟；让体积庞大的河马去挖洞，它比不上小小的地鼠；让士兵放下手中的剑戟，拿起锄头去种地，成果不如老农夫。企业的人才管理中，了解人才长处固然重要，但更重要的是将长处运用到适合的地方，如何让员工的才能得到发挥，才是考验管理者的问题。

3. 培养执行人才时的原则

在选择人才时，要摒除旧观念不拘一格；在管理人才时，要深入了解每个员工的优缺点；在运用人才时，要清楚人才的最佳用处。取各人之所长，将企业发展与人才运用紧密结合在一起，做到扬长避短，谋取企业发展的便捷之路。

第十章

策略七：落实一步到位，让高效执行越来越简单

企业中常对工作提出意见的人是非常需要的，但是只知道提意见，不会处理意见的人，绝对不能成为优秀的员工。作为企业管理者，只知道下达命令，要求员工执行，却没有在实践中进行监督，甚至亲自为企业发展做出执行，企业在这样的管理者手中也将走向灭亡。

管理不需要理论家，需要的是实践家。很多管理者脑海里并没有存储过多的理论，他们不是学者，更不是研究者，而是最为务实的执行者。

提出问题很重要，制订解决方案也很重要，如何将政策指令落实到工作中，做到真正的执行，才能体现方案的重要性及意义。任何没有落实的策略，都是空中楼阁，没有执行的行动，都是水中明月。

摒除过多的思维局限，将浅显简单的理论落实到行动上，强调实用、实战和实效的管理者，才能做到高效执行，将企业管理变得越来越简单。

不管规模多大也要像小公司一样执行

任何企业发展的目标都是做大做强，我所接触的企业中，没有任何一个管理者希望自己的企业停留在小公司的规模。但不可否认的是，小公司具有执行快速、沟通方便、操作灵活的显著特点。

企业做大以后的优势有资金雄厚、人力资源丰富、影响力广等特点，但正是人员多广，容易造成管理上的不便，复杂的层级关系，导致指令下达速度降低，工作成果回报时间延长。如果大企业能够做到小企业一样的简单、快速、灵活，将会大大提升竞争力，获得更大的发展。

在亚洲最具影响力的设计大赛上，吸引了全世界近500家设计公司的参与，参展作品数不胜数，在众多的参展企业中，有国际知名的设计师，他们带领着各自的团队，齐聚到香港。设计师的聚会也吸引了无数媒体的关注，大家都在期待这届设计大奖将花落谁家。

第一次参与大规模设计比赛的乾力设计公司，只派出了一名设计师和他的四名助手，势单力薄的几人，被当时媒体戏称为唐僧师徒。与众多具备天兵天将的团队相比，乾力设计团队不被看好。

这次大赛宣布的设计主题是简约生活。很多公司开始着手在环境、生态、工业等大题材上做创新设计，乾力设计团队倒是不慌不忙，发挥了唐僧的特色，五个人坐下来商讨设计目标，最后将目标定在了生活用品的范畴，小小的生活用品设计，能否在参与者众多的设计大赛上胜出，公司总部也曾产生怀疑，但在团队的坚持下，最后拿出了两样产品进行比赛。

出人意料的是，乾力设计团队的两样展品，都在比赛中获得了不错的成绩，其中一样设计品是数据线锁扣，简单的环形设计，可以将复杂的数据线缠绕其中，可调整大小的卡扣适用不同长度的手机线，在需要时还能灵活解开锁扣拉长数据线。如此简单的设计，让大家搞定了不听话的数据线，避免了线与线之间相互缠绕，造成使用时的不便。

另外一个作品更为简单，就是在保鲜膜的盒上增加了一片刀片，刀片由有机树脂制成，既实现了切割保鲜膜的目的，又不会伤害到手指。使用保鲜膜时，总被无法取得需要的长度而困扰，又因为不好切割，手动撕开时保鲜膜边线不平整，影响下次使用。不增添其他额外资源的情况下，只要简单地在包装盒上增加一排刀片，就能解决使用保鲜膜时的困扰。操作简单且容易实现的设计，的确给生活提供了简便的方法，迎合了简约生活的主题，此项设计不仅赢得了“最有影响力”大奖，同时吸引了一些企业的注意，希望能够与乾力设计合作，生产简单便捷的包装盒。

乾力设计的胜出让媒体和众多参与者大跌眼镜，投入巨大的新颖设计，居然输给了一片薄薄的刀片。

灵活小巧的小公司具备巨大竞争力的优势有四点：

1. 内部沟通便捷

没有条条框框的限制，小公司的成员在说也在听，人员简单的条件，使他们的意见容易统一，在实现目标统一后，共同行动去做。

2. 行动迅速

小公司的投入能力有限，没有过多的时间做慢性考察和研究，积极的准备收取回报使得他们在行动上加快步伐，绝不允许因拖拉错失机遇，因为他们深知机不再来的道理。

3. 内部管理透明化

首先没有复杂的管理机制，一切行动都在老板的统一管理下进行，没有其他人员干涉，在任务下达时就首先体现了公平、公正。其次领导的弱点也能够清晰的展现，便于管理者及时自我修正。

4. 附加消耗较少

附加消耗不仅是财力消耗，也包括公司生产成本、有限资源和管理者精力的消耗。规模小就避免了机构重叠，不必为重复的工作和管理承担更多的资金和资源。能够集中全力在应付市场竞争上，而不是企业内部的调整变革。

现代市场竞争，已经从过去的“大鱼吃小鱼”转化成了“快鱼吃慢鱼”，冗长烦琐的企业机构导致企业执行能力上的缓慢，致使大企业被小企业吞没。这就要求大企业在运作时追求与小企业相同的快速简洁模式。去除企业内部多余的二级、三级管理，直接由管理者进行统一管辖，任何意见和提议可直接向最高级汇报，除去一级一级传话所浪费的时间。减少传达时间就会为执行赢取更多的可用时间。在竞争激烈的市场中，只有快速的高效执行才能推动企业取得成功，这里公司的规模大小已经不再起着决定性的作用。只有抢先一步占领市场的企业才能收获更多价值。

强调执行很重要，做到执行更重要

从前，有根水管不停地向外哗哗流水，路过的甲看到后，感慨万分地说：“居然让水这么白流，真是浪费啊，浪费。”此时过来路人乙，愤怒地指着水管说：“谁这么不道德，不关水龙头，这种行为真可耻!”不远处的丙听到乙的怒喊，左看看，右看看，嘟囔着：“怎么没有人来关水管呢?”远处的丁看到大家围着流水的水管，默默地跑过来，关上了水管。

职场中，像甲乙丙那样的指挥者随处可见，对工作中的问题，都能说出点自己的意见，但是只有一部分会对意见进行处理，采取真正执行的人少，企业的发展就困难。

只有行动者，没有提议者也不行，如果没有甲乙丙的发现问题，远处的丁也不会跑过来关闭水龙头。但是如果在甲发现问题时，就立即采取行动关闭水龙头，就会将损失降到最低点，明知浪费却不采取措施阻止，而是眼睁睁地看着水资源浪费，在企业中就体现为发现问题却无法解决问题。

在丁付诸行动之前，甲乙丙任何一人先实施行动，都会早一步减少损失，提意见的人不采取行动，等到执行者来了才能完成任务，市场竞争如此激烈，有多少机会能够等待最后的执行者出现。

企业中常对工作提出意见的人是非常需要的，但是只知道提意见，不会处理意见的人，绝对不能成为优秀的员工。作为企业管理者，只知道下达命令，要求员工执行，却没有在实践中进行监督，甚至亲自为企业发展做出执行，企业在这样的管理者手中必将走向灭亡。

强调执行却没有执行，只是浪费时间的空号召，纸上谈兵还会酿成惨痛教训，懂得执行重要的同时还需要真正地贯彻成为行动。

我国修建第一条铁路时，总工程师詹天佑多次遭受外国人的讽刺和挑衅，但他依然坚持修筑铁路。从行动到结束，詹天佑都没有说过一句“我保证完成任务”“我保证能干好”之类的话，更没有待在舒适的房间里做他的总指挥，而是在恶劣的环境下，带着自己的学生和工人不畏艰苦，在陡峭的悬崖峭壁之间，建造了“人”字形铁路。同时，詹天佑还因地制宜设计出凿井法，将整个工期缩短了两年，为我国铁路建设留下了辉煌的一笔。詹天佑依靠绝对的行动力证明了自己设想的正确性，粉碎了外国人对他的嘲讽，用高效的执行续写了人生的辉煌。

对于企业，更需要如同詹天佑一样的人才，不把号召整日挂在嘴边，而是体现在真正的行动上。精明的管理者应该知道，企业的生产时间决定生死成败，节省时间需要做出有效的管理，正确的行使自己的职权，调动下属执行的积极性。

在竞争如此激烈的现代经济市场，我们已经没有多余的时间去做无谓的争辩，影响执行的因素很大程度上在于繁杂的处理意见和复杂的交际关系。很多企业中发生一件事，但是牵涉到好几个部门，每个部门对事态的发展预估都存在不同的看法，站在各自的角度思考问题，就会出现多个回合的讨论也无法达成最终共识，严重影响了企业的执行力。

有一群老鼠，取食的路上遭到了猫的拦堵，一直以来吃尽了苦头。老鼠们决定召开全体会议，商讨对付猫的办法，希望能够想到一个绝妙的方法以绝后患。

面对生死存亡的大问题，老鼠们冥思苦想，有的提议研制一种毒猫药；有的提议培养猫吃鱼吃鸡的饮食习惯；有的提议改变自己的捕食地点……

意见众多的老鼠们左右商讨，终于在三天后，想到一个绝妙的主意。那就是在猫的脖子上挂一个铃铛，只要猫一走动，铃铛就会发出响声，提醒老鼠们立刻逃跑。大家对这个主意非常满意，都觉得这是解决问题的高明之举。

意见虽然全部通过被采纳了，但是在到底由谁来执行的问题上得不到解决，没有老鼠愿意站出来去给猫的脖子挂铃铛，无论高薪奖励还是荣誉鼓舞，策略始终得不到执行，就这样一拖再拖，老鼠的安全至今仍被猫威胁着。

由此可见：

1. 企业制订的制度和最终的决策不在于多英明，而在于能否得到执行

再绝妙的制度得不到执行，对于企业也毫无意义可言。同样要求执行，强调执行的重要，更要了解是否能够执行，没有老鼠敢在猫脖子上挂铃铛，这种难以执行的决策，即便多英明多有用，但无法被执行，只能是一个美好的愿望。

2. 在遇到问题时，不要过多的纠缠在讨论上

面对不同意见下属应及时请示领导解决，领导需要在第一时间给予判断，不要在是非问题上浪费更多时间，因为在有限的时间内我们需要执行的任务还有很多很多。

公司真正的执行力也代表着企业的专业能力，就算是简单的面试，也不要设置过多的参考环节，也许在烦琐的升级中，优秀的人才就被其他企业挖走了。若希望寻找最专业、最有素质能力的员工，企业管理者可以命人组成企业面试团，统一进行面试。须知：是否具备抗压能力，也是企业考核人才的一大标准。

3. 管理需要给员工提供足够的发挥空间，不要把员工捆绑在固定的模式上，时而大胆的突破创新，会给企业带来意想不到的效果

员工积极参与工作的情绪，作为管理者是可以引导和培养的，给员工营造一个充满机遇的条件，为了自身的利益，员工会自觉提高执行能力，将自己的任务最出色的完成。短时间、高质量是能力的体现，这一切都依附在高效执行背后，只强调执行，却没有执行，企业将会遭遇“滑铁卢”，员工也会逐渐被公司舍弃。

拆掉阻碍执行过程中的沟通“围墙”

不利的沟通是阻碍执行的一堵墙，想要获得高效的执行，需要良好的沟通。人与人组成的社会，无论是对外客户，还是对内员工，都需要沟通，只有沟通才能传达工作目标，只有沟通才能交流技术技能。没有沟通的执行是盲目的，在目标不明确的情况下行动，会导致执行目的和过程中出现误差，给企业带来不必要的损失。须知，想要做到高效执行，良好沟通是前提条件。

在一个小村子里，一个老头与儿子相依为命。突然有一天，一个人来到老头家，对老头说：“老人家，您好。我要将你的儿子带到城里去工作，可以吗?”

老人面对要带走自己唯一儿子的人，非常气愤地说：“这简直是做梦!”

这个人又继续说：“我可以为你的儿子在城里找个女朋友，这样可以吗?”

老人边摇头边说：“说什么都不行，你赶快走吧!”

这个人接着说：“如果我给你儿子介绍的女朋友，也就是你未来的儿媳妇，她是国王的女儿呢?”

说到这里，老头终于心动了。

这个人又去找到了国王，他对国王说：“尊敬的国王，您好。我想给您的女儿，我们美丽的公主选择一位驸马，可以吗?

国王愤怒地说：“就凭你，也想给公主选驸马!”

这个人说："我为公主选择的驸马，是邻国首相的干儿子，这样您看可以吗?"

国王听到这里，点头同意了。

这个人又来到了邻国，找到了首相。

他对首相说："我想您需要认一个干儿子。"

首相面无表情地说："这简直是天方夜谭，你快离开吧!"

这个人对首相说："这个人是我国国王的女婿，我们的驸马，这样可以吗?"

首相听完欣然同意了。

这个故事充分体现了沟通的重要，良好的沟通能够促成想象不到的事情。当认定事情有益时，一定要坚定信心，通过有效的沟通获得大家的支持和配合。

企业管理者常常困惑于员工为什么缺乏高效执行力，习惯将过失归罪于员工，却没有意识到是因为自己沟通不足所造成的。员工执行力不足，管理者领导能力不足是关键。另外，管理者对企业的期望值过高，没有掌握员工的能力水准，传达过高的指令，使员工无法实现，或者实现困难而浪费多余时间处理障碍，从而导致执行力下降。企业内部，管理者与员工之间不能建立便捷的沟通渠道，导致信息传递出错。鸡同鸭讲，找不到共同语言的上下级之间，必定会执行缓慢甚至错误执行。

从前有个国家的小公主生病了，她对国王说，如果父皇能将月亮送给她，她的病就会好起来。国王立刻答应公主的要求，便在全国召集智士，让大家想办法取下月亮送给公主。

大臣说："月亮是由熔化的铜制成的，远在三万五千里之外，比公主的房间还要大一圈。"

魔法师说："月亮是用奶酪做成的，它距离我们足有十五万里，要比皇宫大上两倍。”

数学家说：“月亮又圆又平像个钱币，挂在三万里外的天上，有半个国家这么大，紧紧地黏在天上，我们根本不可能取下它。”

大家的回答令过往的人又气恼又烦闷，宫廷表演的小丑听说了这个消息，发现每个人心中的月亮分别是由不同的材料制成，大小也不统一，心想，首先要做的应该是问问公主心中的月亮是什么样的。

于是，小丑来到了公主房间，以探病为由小心地询问着公主，“月亮到底有多大呢？”公主答说：“比我指甲小一些吧，因为每次我只要举起手指，就能把它整个遮住。”

小丑又问：“那你说它是用什么做的呢？”

公主立刻回答说：“一定是闪闪发光的金子！”

小丑在公主那里得到了答案，比指甲小一些，用金子制成的月亮。小丑立刻找了工匠用金子打造了一块指甲大小的月亮，并在上面栓了一条链子，送给公主当项链，公主收到月亮项链后不久，病就痊愈了。

沟通的秘诀在于了解对方想要什么，用什么样的语言沟通更能被对方接受，怎样在对方赞同的条件下实现自己的目的。正确的沟通内容和沟通方法，能够使进行沟通的双方快速进入主题，并且在最短的时间内明确目标，及时转化成高效简洁的执行。

如何拆掉阻碍执行过程中的沟通“围墙”，需要注意以下几点：

1. 管理者在沟通时，一定要让员工明确理解

管理者作为企业的掌舵人，有选择和决策的权利及义务，在传达决策时，要对自己的言行负责，敢于承担责任尽义务，面对反对声时，保持清醒头脑一排众议，将指令真正的传达到员工那里。

1. 管理者在沟通时，一定要让员工明确理解

2. 凡事要适度，沟通也要讲究方法

3. 与时俱进，沟通禁忌念旧经

4. 想好再说，沟通讲究逻辑顺序

图 10－1　拆掉阻碍执行过程中的沟通“围墙”

2. 凡事要适度，沟通也要讲究方法

不要为了实现自己的目的，用强硬甚至攻击性的语言与下属进行沟通，在传达指令时，尽可能对员工多做鼓励和激发，让员工在实现执行的过程中发挥更多的特长。

3. 与时俱进，沟通禁忌念旧经

良好的沟通不仅是管理者能力的体现，也能从侧面展现管理者的语言魅力及艺术修养。在保证与最新管理模式契合的前提下，尽可能的丰富自己的语言，让沟通在轻松自由的环境中得到继续。

4. 想好再说，沟通讲究逻辑顺序

华丽的言辞不是良好沟通的唯一标准，修饰词可能缓解气氛，让指令更好的传达，但更重要的是讲究逻辑顺序，任何指令下达后都要付诸实践，实现最终的执行，为什么执行、如何执行、怎样执行等都需要清晰的沟通逻辑顺序，让执行者有迹可循。

只有偏执狂才能成就一番大事业

企业常常出现这种现象，工作出现失误时，高层领导责怪中层干部协调不利；中层干部责怪员工执行有问题；员工责怪中层干部指挥不正确；中层干部责怪高层领导传达有纰漏。互相埋怨责怪在企业内部形成一个怪圈，奇怪的是没有一个人在自己身上找问题，没有对工作失误负责任，没有将自己的任务保质保量地完成。

企业执行能力差，不仅是员工最终的行动能力，同时也是管理层存在的问题。没有执行力的企业就失去了在大市场的竞争力，任何一个环节上的缓慢，没有确保高质量的完成任务，都会对下一个环节产生影响，从而导致整体执行力下降。

从前有个铸铁匠，他把一条圆柱形的铁块放到炉子里，烧得通红以后拿出来，准备将铁块打磨成一把宝剑，于是动手在铁块上凿起来。但是怎么敲打锤凿，也没有得到令铁匠满意的宝剑，直到铁块损耗到已经不能再铸成宝剑。铁匠又将铁块放入熔炉里，决定给马做副马掌，但是怎样都做不出满意的马掌。马掌做不成，铁匠又把铁放入熔炉，这次决定做根铁钩。结果还是做不出满意的铁钩。又将铁块丢进火里，经过几次打磨的损耗，铁块已经小到不知道能做些什么。铁匠思考了很久，只好将烧得通红的铁块放到水里。铁块在水里发出嗞嗞的声音，路过的人问铁匠将刚才的铁块打成了什么。铁匠对路人说："瞧，我把它变成了这些泡泡。"

无论在生活中还是工作中，目标可以改变，但不能朝令夕改来回改变，不去执行而一味更改目标只能是一事无成。只有坚持一个信念，为了实现它无论付出多少辛苦都心甘情愿的偏执狂，才能成就一番大事业。

一个人无论是高高在上的领导，还是低头劳动的基层员工，对待工作问题时都要保证一个认真的态度，积极调动自己的情绪去克服困难。不要被工作的艰辛和逆境击倒，坚定不移的信念是绝对执行的动力，只有自己确信无论经历多少磨难，都可以实现最后的愿望，才能勇者无惧的不断前行。偏执狂的特点就是认“死理”，他觉得能够实现的事情，无论如何都会使之实现。这种坚定的意志力是优点，也是缺点。偏执狂在行动之前，必须确认即将履行的承诺或实现的计划，是正确的积极的。如果是错误的决策，偏执狂仍旧发挥本性去坚持，只能与成功的路渐行渐远。

有个人，他21岁时，生意失败。

他22岁时，决定参选州议员，结果失败。

他24岁时，又继续做生意，投资不理想，又失败了。

他26岁时，心爱的伴侣不幸去世了。

他27岁时，事业爱情皆不顺利，精神几度崩溃。

他34岁时，在联邦议员的竞选中落选。

他36岁时，第二次在联邦议员竞选中落选。

他45岁时，角逐联邦参议员的时候落选。

他47岁时，在提名副总统时被淘汰。

他49岁时，角逐联邦参议员时再度落选。

他52岁时，成功当选美国第十六任总统。

这个人就是Abraham Lincoln（亚伯拉罕·林肯）。

林肯的成功在于他没有因为失败就半途而废，无论什么样的困境，他都未曾低头，不懈地坚持，在最后命运将他推向了总统的位置。好点子好创意比比皆是，但是能够为了实现它而付出千百次尝试的人不多。

1. 职场人需要在每个细节上加强自己的执行能力，“做事追求完美，不成功便成仁”的气魄不是一句空话，需要经历时间的考验

很多时候，工作中的失败都是败给了自己，在处理细节时的马虎大意，企业里的“差不多”先生，稀里糊涂地听取任务，迷迷糊糊地执行任务，最后只能得到一个不尽理想的结果。

2. 管理者存在的问题是对执行障碍缺乏敏感度

对自己执行力差的表现发现不及时，员工执行力差又不能坚决整改，怕麻烦的心态使管理者对影响不大的执行力差得过且过。然而导致企业因执行力差走向灭亡的诱因，正是因为这些被忽略的隐患。如果管理者在发现问题时，本着偏执狂的原则，坚决处理问题，杜绝企业危机，一切阻碍企业发展的障碍在第一时间被扼杀在摇篮里，这样企业必然会朝着成功的方向不断前行，所以只有偏执狂才能干一番大事业。

简单的执行，从细节入手

泰国曼谷的东方饭店是世界公认的最佳酒店，若不是前几天听朋友Kim和我说起他到曼谷出差的经历，我还真是难以置信。

Kim说：“我那天出差到曼谷，有幸入住到了东方饭店，深切地体会到东方饭店连续十年被纽约杂志评为‘世界最佳酒店’的原因。早就听闻东方饭店人潮火暴，如果不提前一个月预订，很难有入住的机会，于是在接到出差任务当天就请助理立刻预订了一间商务间。在抵达曼谷后，我发现东方饭店在当地的好评颇高，泰国算不上发达国家，可是东方饭店却吸引了众多来自欧洲的客人。当我踏进东方饭店门口时，有名服务生立刻走过来跟我打招呼，最令我惊讶的是他准确地叫出了我的名字，作为第一次来的客人这令我大为吃惊，试想国内有几家酒店能够在第一时间叫出我的名字呢?”

“东方饭店给我的惊喜一个接着一个，在办理好登记以后，我上楼走到房间，刚到门口就有服务生端着果汁来到我面前，让我任选一杯用来解渴。放下东西，我决定到餐厅看看，点菜时，我询问服务员哪些是泰国的特色菜肴。服务员在回答我的问题之前，先是向后退了一步，然后微微弯腰开始向我推荐。后来我才得知，向后退一步是为了避免口水溅出来。如果是酒店的回头客，他们还会准确记录上次的用餐位置和菜单，便于为客人提供最熟悉的服务。”

“由于不熟悉泰语，合作伙伴担心我在曼谷迷路，酒店居然第一时间交给我一张‘追踪卡’，可以准确的告知合作伙伴的位置。在工作结束后，我在前台结账，服务小姐面带微笑地提醒我，有500泰铢的机场税，是否需要准备?”

我笑言：“听你说完我终于明白了，如此注重细节的服务，面面俱到的考虑，难怪东方饭店如此受欢迎。”

工作任务由不同的小事组合在一起，最终形成一个合作的整体，每个细节都可能会影响到整体事态的发展。

美国著名橡胶企业总裁Harvery Samuel Firestone，是世界上第一个制作轮胎的人，他曾说过：“成功是细节之子。”只有注重细节才能收获成功，企业的执行力在于稳妥快速的细节处理，在每个环节上的充分执行细致完成，才能累积成为整体的简洁高效。

日本东京有一家外贸公司，经常与一家英国公司有贸易往来。英方经理经常到日本出差，需要在东京与神户之间往返。慢慢地，经理发现，火车开往神户方向时，他的座位总是在右窗口，当返回时，他的座位总在左窗口。经理好奇地询问帮忙购票的日本员工，她微笑地回答说："火车驶往神户时，富士山在您的右边，当返回东京时，富士山在您的左边。为了方便您欣赏富士山美丽的风景，我安排了不同的座位。"英国经理听完十分感动，就连细小的订票环节，这家公司都能处理这么好，注重细节的他们在其他合作上，必定能够给他一个满意的答案，于是立刻将原有的贸易金额提成了三倍。

从这个案例中，我们不难发现：

1. 看不到细节的人，对工作缺乏认真的态度，办事容易敷衍

在执行工作任务时，抱着服役的心态，自然处理不好工作上的细节。如果对工作充满热情，重视细节上的处理，在解决每个小问题时，就会增加一分对工作的热爱，久而久之乐此不疲的工作态度，就能成就高效的执行。

有首民谣这样说：少了铁钉掉了马掌；掉了马掌失去战马；失去战马损失将军；损失将军丢失战役；丢失战役输掉国家。

2. 细节上的忽视，会引发一连串的连锁反应

因小失大对于企业发展来说是非常不值得的。管理者必须强调细节决定成败，严格要求自身追求完美的同时，更要监督员工在工作中关注细节，不放过任何细节的严格执行。最高效的执行，从细节做起。

后 记

治“标”又治“本”，执行更给力

如今，快节奏、信息化的生活如此麻烦，但依然有诸多不怕麻烦的管理者，在执行时给自己设置各种各样的“圈套”。例如，管理者之间会因为某些自认为正确的问题不断地进行讨论、斗争，甚至翻出一些所谓最新的管理理论，不惜用更加复杂的方法解决问题，有必要如此大费周章吗？我看没这个必要。

最简单的方式就是最好的执行。

何谓简单？对于这个问题，想必但凡认真读过本书的读者都已经找到了心中想要的答案。在本书最后，我做些许的补充。

在我看来，“简单就是力量，简单就是和谐，简单就是高效”。

何谓简单执行？简单执行需要管理者简化组织形式，实施零执行层，带领团队将一系列复杂的问题用最简单的方法处理掉，当然，在此过程中，管理者还要运用各种简单的技巧，最大限度地挖掘员工潜能。

总而言之，简单就是永恒的高效执行准则，是管理者的管理境界，也是管理本质。作为一名管理者，为了实现业绩，高效执行，在你开始任何一项任务之前，不妨建立这样一个信念：执行越简单越好。

一件事情，本来再简单不过，只是我们的思想过于复杂，我们的态度本能地拉着我们往更复杂的坑里跳，这是我国企业管理者普遍存在的认识误区。

好比原本可以用一句话表达清楚的内容，偏偏有些管理者要附加十几句话来表达同一个意思，反而把简单的一句话变得复杂。

当管理者穿越过复杂的迷雾森林，发现事情的真面目之后，相信大多数管理者已经清醒过来：原来，除非是自己破罐子破摔，一条道跑到黑，否则，执行其实可以变得如此简单。

最后，为各位管理者做出如下简单执行的方法总结：

1. 合理利用时间，提高执行效率

每个人工作的习惯、风格不太一样，管理者应该根据自己的特性找出自己执行的最佳时间，例如，可以在每天晚上提前规划第二天的工作时间表。也可以每周一规划，并在未来五天内，每天提前留出一个小时做计划，列出每天最重要的工作内容。

例如：

周一：8：00～9：00——××××××××会议；

周二：10：00～11：00——约见××××；

周三：11：00～12：00——×××××××活动；

周四：2：00～3：00——××××会议草案；

周五：4：00～5：00——××××××总结会议。

为了保证计划按部就班地执行，在这些时间段里，最好不要接待宾客或频繁地接听电话。每完成一个计划，可以借此机会综合结果评估自己的工作效率，打一个分数。这样，通过长期的总结，就会发现自己在执行的哪些方面存在问题和不足。

2. 简化执行就是只做“最需要你来完成的事”

每当我这样说时，很多人就说“这不是废话一样吗?”“这道理谁不懂？”

懂道理的人不少，真正这样做的管理者却寥寥无几。没有人愿意把精力浪费在不需要做的事情上。但执行时，真的是这样吗？

有时，管理者为了达到“更好的”效果，不惜一切代价亲力亲为，要知道，“好”不代表“一定要”。管理者应该早早地认识到这一点：自己做的每一件事都很重要，但不一定每一件事都是正确的。

作为管理者，你的每一个执行决策是否正确并不是你一个人的事，它往往关乎企业的利益和发展计划，所以，管理者只需做自己最需要做的事即可，避免适得其反。

3. 尽量使自己的工作更有条理

大部分管理者都经历过在执行时被时间束缚的过程。

一开始，管理者总是被大量的执行工作和时间流程表搞得心力交瘁，甚至有些管理者尝试着想在八小时工作时间内完成所有的工作。可事实证明，“欲速则不达”是执行的铁律。

然而，其实高效执行的方法很简单，短短三个字就可以概括：有条理。

如何才能把执行变得有条理？

（1）不该自己做的事一律交给员工

管理者能亲力亲为的工作量非常有限，大部分管理者都有这样的感受：手中的工作总是很多，一个接一个，永远做不完。

要想在有限的时间内执行所有的工作，唯一的出路就是权力下放，把工作分配好交给员工去做。这样一来，即使管理者不在办公室，也有人代替你执行任务。

（2）尽可能将复杂的任务简单化处理

能简单的事情一定不要执行得过于复杂，复杂无法证明你是个有能力的领导，反而会衬托你的平庸，没有能力将问题简化。

（3）学习简单执行的工作原理

有人说，当你开始思考着如何简单执行时，其实你已经在把工作复杂化了。

要简单，就要改变执行规则，管理者也要走出本身的那一套逻辑，不要被自己固有的思维束缚住，不管你是否乐于承认，大部分领导者都本能地喜欢控制一切，这一点，你或许无法抗拒，但一定要想办法改变，为此，你需要透过简单、科学的工作原理指导自己的行为。

现在开始，已经学会高效执行的你，请开启你的管理大门吧，持续补充“简单执行”的能量，如此才能治“标”又治“本”，使你执行起来更给力，何乐而不为呢？

作　者

2012 年 8 月